von Osterhausen **Die Heilkraft in Dir**

Ulrike und Fritz von Osterhausen

Die Heilkraft in Dir

Ein Programm
über geistige Heilweisen

IRISIANA

IRISIANA

Eine Buchreihe herausgegeben von
Margit und Rüdiger Dahlke

Die Deutsche Bibliothek – CIP-Einheitsaufnahme
Osterhausen, Ulrike von:
Die Heilkraft in dir : ein Programm über geistige Heilweisen /
Ulrike und Fritz von Osterhausen. – München : Hugendubel,
1996
(Irisiana)
ISBN 3-88034-897-9
NE: Osterhausen, Fritz von:

Umschlaggestaltung: Zembsch' Werkstatt München
Produktion: Tillmann Roeder, München
Satz: SatzTeam Berger
Druck und Bindung: Spiegel Buch, Ulm
Printed in Germany
ISBN 3-88034-897-9

Inhalt

Danke sagen
wir dem Schicksal, das uns zur Veränderung zwang.

Danke sagen
wir für alle daraus erwachsenen vielfältigen und förderlichen Verbindungen mit Menschen, die Lehrer und Freunde wurden in Bereichen der Psychologie, Esoterik, Umweltmedizin und Heilung, Radiästhesie, Ernährung usw.

Danke sagen
wir unseren Förderern und Kritikern, den Ärzten Dr. med. Karl-Heinz Braun von Gladiß und Dr. med. Norbert Schumm sowie der Therapeutin Danai Angelika Trempler, die sich trotz eigener drängender Aufgaben unseres Manuskripts annahmen.

Danke sagen
wir all den liebevollen weiblichen Energien, die Rat, Trost und Mut gaben.

Lüneburg, im Januar 1996

Vorwort

Geistige Heilweisen sind, obwohl durchaus religiös orientiert, nicht von einer bestimmten Religion abhängig, und die Begriffe *Gott* oder *Glauben* stehen als Tor zur eigenen Wahrhaftigkeit. Karlfried Graf Dürckheim formuliert in »Der Alltag als Übung« (etwas verkürzt wiedergegeben) dazu sinngemäß:

»Dem, der das Sein nicht mehr als das eigene Leben von innen her spürt, ist es höchstens ein Gegenstand metaphysischer Spekulation und frommen Glaubens. Für den aber, der die Nebel der Ratio durchstößt, wird es Erfahrung. So sind alle religiösen Begriffe und Bilder ursprünglich Interpretationen und Deutungen tiefster Erfahrung. Wo immer Religion zu einem festen System wohlgeordneter Vorstellungen, Glaubenssätze und Geschichten, das heißt zu einer Lehre wird, an die zu glauben ist, erschwert sie die lebendige Erfahrung des Seins ... Nur etwas, das wir unabweislich in unserer Innerlichkeit erfahren, was uns innerlich berührt und bewegt, kann uns zur Nachfolge ›zwingen‹. ... Wo die rationale Ich-Sicht sich in unserem Bewußtsein verhärtet, gilt uns nur das noch als ›wirklich‹, was in ihre Ordnungen paßt. Dann aber hat der Mensch die Fühlung mit dem Sein aus seinem Bewußtsein verloren.«

Einleitung

Ein Buch über Geistheilung darf nicht als Rezeptbuch für Selbstmedikation mißverstanden werden, sondern es ist eine Einführung und Anregung, die Seminare eines Heilers oder Lehrers zu besuchen und deren Inhalt dann nachlesend zu vertiefen und zu festigen. Denn wir schreiben auch für alle diejenigen, die nicht die Zeit und Gelegenheit haben, an Geistheilungsseminaren teilzunehmen und diese so oft zu wiederholen, bis der Wissensstoff sicher beherrscht wird.

Wir beziehen uns in diesem Buch ausschließlich auf die von Horst Krohne gelehrte und praktizierte Form der Geistheilung. All die anderen, zahlreichen Varianten geistiger Heilweisen sind hier nicht berücksichtigt worden.

Horst Krohne wurde am 11. März 1934 in Berlin geboren. Nach vieljähriger Berufstätigkeit als Feinoptiker und Verkaufsleiter begann er im Jahre 1970, nach der Genesung von einer schweren Erkrankung, aus eigener Betroffenheit einen neuen Weg zu suchen. Das Ergebnis war, daß er Geistheiler wurde und ein eigenes Lehrprogramm erarbeitete.

Horst Krohne lebt seit 1971 in La Matanza de Acentejo auf Teneriffa und hat dort 1975 das »Zentrum für Lebenshilfe« gegründet, wo er Seminare und Kurse zu den Themenbereichen »Heilen« und »Astrologie« anbietet.

Das Lehrprogramm Horst Krohnes enthält also seine eigene geistige Haltung, die wir hier wiedergeben. Es ist *eine* Anschauung unter anderen; sie erhebt keinen Anspruch auf Ausschließlichkeit.

Wie andere Geistheiler bemüht sich auch Horst Krohne, sein Wissen an interessierte Ärzte, Heilpraktiker und an alle sonst in Heilberufen Tätigen zu vermitteln; in gewissem Umfang auch an interessierte Laien, an Kranke und deren Angehörige. Mit großer Geduld und Hartnäckigkeit versucht er, Brücken zwischen bewährter Schulmedizin und geistigen Heilweisen zu bauen.

Parallel zur eigenen Schulung begann Horst Krohne auch zu erforschen, wie Geistheilung und ihre Ergebnisse meßbar sein könnten. Darüber schreibt er selbst: »In jahrelangem Gedankenaustausch in unserem esoterischen Arbeitskreis (auf Teneriffa, Anm. d. Autoren) faszinierte uns immer wieder das Phänomen der Geistheilung. Es wurde, wie es in vielen anderen Kreisen sicherlich auch der Fall ist, viel diskutiert, Meinungen wurden vertreten, aber keine klaren Erkenntnisse und schon gar keine Beweise gefunden, wie Geistheilung wirkt.

Nachdem wir in unserem Haus mehrere Geistheiler oder Magnetopathen beobachten konnten, ihre Stärken, aber auch ihre Grenzen wahrnahmen, kamen die Gedanken, doch etwas Meßbares oder eine Methode herauszuarbeiten, um dieses Phänomen zu erklären.

Bei unseren Überlegungen gingen wir davon aus, daß das Leben aus dem Geistigen kommt, daß die Entwicklung des Lebens vom Geist über die Seele, Psyche oder den Energiekörper zum stofflichen Körper führt. Wir meinen, daß bei diesem Aufbau der Lebenskraft in jeder Ebene, vom Geistigen bis hin zum Körperlichen, sich Störungen aufbauen oder zeigen können, und daß es möglich sein müßte, in jeder Ebene der Verdichtung von Geist oder Seele bis hin zum Körper auch Korrekturen zu bewirken. Und diese Korrekturen, ob sie durch Kontaktbehandlung oder Fernheilung verabreicht werden, müßten doch irgendwie sichtbar gemacht werden können.

Nun ist es sehr einfach, mit medizinischen Geräten die Funktionen des Körpers auszumessen, wie Herzfrequenz, Pulsschlag, Temperatur, Hirnströme, oder über Analysen die Zusammensetzung des Blutes und der Körperausscheidungen zu bestimmen. Da wir aber im körperlichen Bereich die größte Trägheit haben, war der nächste Schritt, Geräte zu benutzen, die in den feineren Lebensstrukturen Daten sammeln können. Und hier gibt es seit Jahren einige recht zuverlässige Techniken. Sie basieren alle auf den Akupunkturbahnen und bieten für den Praktiker heute schon eine sehr objektive Methode, Störungen im Körperlichen zu analysieren, ohne den Körper im Stofflichen zu untersuchen.

Wir benutzten bei unseren Testversuchen ein Gerät aus unserer Praxis, welches nach Dr. Voll als bioelektrischer Funktionstest arbeitet.

Des weiteren benutzten wir die *Kirlian-Fotografie*, die ja bekanntlich auch eine Technik ist, um das energetische Potential eines Lebewesens anzuzeigen.

Wir arbeiteten außerdem mit dem *Akupunktur-Ohrtest*; auch ein Testverfahren, das sich in den letzten Jahren immer mehr durchgesetzt hat, weil es problemlos und relativ sicher Aussagen über die bioelektrischen Funktionen der Körperteile und Organe bietet. Bei unseren Untersuchungen mußten wir als erstes eine störungsfreie Zone schaffen, denn geopathische Strahlungen (d. h. Erdstrahlen) können diese bioelektrischen Energien stören und beeinflussen. Es war ein Raum zu wählen, welcher entstört ist, und ein Klima zu schaffen, wo Heiler und Patient sich recht harmonisch fühlten.

Schon bei den ersten Vergleichsmessungen vor einer Heilanwendung durch einen Heiler und nach dieser zeigten sich verblüffende Regulierungen zum Normalwert hin. Diese Messungen konnten nach einiger Zeit einmal oder auch mehrmals wiederholt werden, und diese wiederholten Messungen in der Erholungsphase brachten dann Aufschluß über die Wirksamkeit der Regulierung der Körperenergien über die Akupunkturbahnen. Bei dieser Methode zeigt sich eindeutig die Kraft des Heilers, inwiefern er im gesamten Gefüge eingreifen kann. Denn immer wieder ergab sich, daß bei befähigten Heilern in allen Akupunkturbahnen beim Patienten die Tendenz zur Normalisierung hin ging, und daß diese Tendenz über längere Zeit nach der Behandlung aufrechterhalten werden konnte. Gleichzeitig gingen mit diesem Aufrechterhalten von Normalwerten in der Körperenergie die Symptome des Krankheitsgefühls zurück.

Bei diesen Testergebnissen ist deutlich die Kraft und die Möglichkeit zu sehen, die ein Heiler auf einen Patienten ausüben kann. Hier zeigen sich schon bei den ersten Testmessungen die möglichen Heilströme oder Korrekturchancen über die Lebensenergie.

Aufnahmen, die wir mit der Kirlian-Fotografie machten, waren genauso eindeutig. Wir erlebten spontane Verstärkungen bei erschöpften Ausstrahlungen; es zeigten sich wesentlich stärkere Lumineszenzen (d. h. Lichterscheinungen, die nicht durch erhöhte Temperatur bewirkt werden, *kaltes Leuchten*, Anm. der Autoren), die hin zum Normalen gingen, oder es wurden Verknotungen und Konzentrationspunkte weicher, die auf eine Entzündung im Körper hindeuteten. Auch bei diesen Kirlian-Fotos ist deutlich die Kraft und die Möglichkeit, die ein Heiler bei einem Menschen ausüben kann, zu erkennen. Denn dort, wo später wirkliche, spürbare und sichtbare Verbesserungen entstanden, hielten die in Richtung Normalwert bei den Messungen veränderten Energieausstrahlungen sich lange Zeit aufrecht.

Kontrollmessungen mit dem sogenannten Akupunktur-Ohrtest zeigten, daß dieses System länger starr bleibt und nicht so spontan auf Kräfte der fremden Bioenergien reagiert. Es sieht so aus, als wenn die Vergleichsmessungen am Ohr erst dann bessere Werte anzeigen, wenn eine wirklich veränderte Funktion im gesamten Organismus erreicht ist.

Man kann also sagen, daß das Ausmessen der Meridianendpunkte und das Fotografieren mit der Kirlian-Fotografie die spontane Reaktion des Körperenergiefeldes auf heilende Kräfte anzeigt, wobei hier die Fähigkeit des Heilers deutlich zu sehen ist in der *globalen* Veränderung zum Normalen hin. Das sind aber nur Reaktionen, die noch nicht eine Heilung garantieren. Die Heilung setzt erst ein, wenn die Impulse, die vom Heiler gegeben sind, diese Normalwerte über längere Zeit aufrechterhalten können. Erst dann ist scheinbar die Energie so normalisiert, daß jetzt im körperlichen Geschehen die gestörten Funktionen korrigierend nachgezogen werden können. Und erst wenn deutliche Reaktionen, die auch als Verbesserung der gestörten Lage vom Patienten empfunden werden, entstehen, zeigt sich die Regulierung am Ohr.

Hier haben wir eine Kontrollmöglichkeit, inwieweit die spontan bis hin zum Normalwert aufgebauten Bioenergien eine wirkliche Veränderung im gesamten Geschehen bewirken können. Aufgrund der Reaktionsmuster des bioenergetischen Wertes, seien sie direkt ausgemessen oder über Kirlian-Fotos sichtbar gemacht, bietet sich eine Beurteilung über die Fähigkeit an, Geistheilung ausüben zu können, wobei die stärksten heilenden Kräfte nicht darin bestehen, die Werte in Richtung normal zu beeinflussen. Denn dies kann jeder bei jedem, wie unsere Messungen zeigten. Nur durch die in Richtung normal beeinflußten Werte und ihre Stabilisierung über längere Zeiträume setzt die Heilung ein!

Und somit können wir sagen, daß nur diese Möglichkeit der Langzeitstabilisierung zu Reaktionen im Körperlichen führt und in Richtung Gesundheit weist.

Die langzeitliche Aufrechterhaltung von bioenergetischen Normalwerten ist somit notwendig, um körperliches Geschehen zum Normalwert zu beeinflussen, also um Gesundheit zu erreichen, die dann auch medizinisch-analytisch bestätigt werden kann.

Bei unseren Tests mit Geistheilern hatten wir keine Heilerfolge durch Spontanheilung schwerer Gebrechen, und wir beobachteten auch keine Einwirkungen durch Körperöffnen, durch Geisteschirurgie. Es waren Techniken, die zum Teil im Handauflegen, zum Teil in der Massage, gewisser Druckpunktmassage oder einfach In-die-Nähe-Halten der Hände bestanden.

Bei allen Heilern oder bei Personen, die Heilkräfte in sich tragen, fiel eine deutliche Veränderung der Energiewerte in den Händen während der Behandlung auf. So konnten wir feststellen, daß die *Haupthand*, die auch vom Heiler immer als Heilhand schlechthin bezeichnet wurde, in den Akupunkturwerten und in den Ausstrahlungen an den Fingern minusgepolt war (siehe S. 99 ff.).

Zusammen mit den Ergebnissen der Patienten und den Ausstrahlungsdaten der heilenden Hände glauben wir eine Methode entwickelt zu haben, die eine objektive Beurteilung der Geistheilung zuläßt.

In jahrelanger Arbeit in der Heilung mit verschiedenen Techniken entwickelte sich nun ein Lern- und Lehrprozeß.«

Soweit die Aussagen Horst Krohnes in einem Text über die Meßbarkeit von Geistheilung.

Das Lehrprogramm

Wie im letzten Satz des obigen Textes bereits angedeutet, war der nächste Schritt nun die Frage: Ist Geistheilung multiplizierbar, kann man sie erlernen? Da bei den Heilungsprozessen sehr unterschiedliche Energiearten, Schwingungen und Informationen wirken, wurde nach Möglichkeiten gesucht, im Bewußtsein von Heilern oder für das Heilen offenen Menschen die individuellen Stärken oder Talentierungen zu finden. Durch gezielte Meßtechniken und Testverfahren fand Horst Krohne einen Weg, Geistheilung zu vermitteln, und er baute ein Lehrprogramm dazu auf.

Erst wenn der angehende Heiler beim Patienten die Krankheitsursachen durch bestimmte Testverfahren finden kann, das heißt wenn er erkennt, warum hier gelitten wird, kann die Erkenntnis kommen, wie die Energien gezielt eingesetzt werden können. Das geschieht im Idealfall immer so, daß der Patient selbst auch erkennen und nachvollziehen kann, warum er leidet.

Geistheilung kann man nicht einfach *tun*, aber die Möglichkeiten und Anlagen, sie zu erlernen und auszuüben, schlummern in jedem Menschen. Der angehende Heiler muß in die Geistheilung hineinwachsen und er muß lernen zu wissen, *was* er tut; offen zu sein, geschehen lassen können.

Das Lehrprogramm Horst Krohnes ist in drei Stufen aufgebaut. Die erste Stufe, ein Wochenkurs mit dem Titel »Die Heilkraft liegt in Dir«, enthält die wichtigsten Grundbausteine zum Verständnis der Fragen, was Leben eigentlich ist und wie Materie und Energie, aber auch die universellen Gesetze einander zugeordnet sind. Durch Einführung und Übungen zur Konzentrierung von bioenergetischen, körperlichen, seelischen und geistigen Kräften wird erlernt, diese verschiedenen Kräfte zu erspüren. Sodann wird der Umgang mit dem *Biotensor* erlernt, um diese Kräfte sichtbar zu machen und ihr Fließen kontrollieren und diese schließlich auf andere Menschen übertragen zu können. Darauf bezieht sich soweit als möglich dieses Buch.

Durch das Bewußtmachen dieser Hintergründe lernen die Kursteilnehmer vor allem, selbst heiler zu werden. Es wird ihnen ein größerer Zusammenhang klar, und so können auch eigene Blockierungen bewußt angesehen und aufgelöst werden. Ein wesentlicher Bestandteil dieses Wochenkurses der ersten Stufe ist es also, die in jedem Menschen schlummernden Fähigkeiten aufzudecken.

In der zweiten Stufe, einem Wochenkurs für Fortgeschrittene, werden Talentierungen und Energieübertragung ausgebaut sowie Diagnosen und weitere Heiltechniken erlernt.

Es wird gelehrt, wie die Energien fließen, auf Störungen zu achten, sich intensiv mit bioenergetischen Prozessen, besonders mit den

16

Chakren, auseinanderzusetzen und Erkrankungen – auch aus dem Vorleben – auf den verschiedenen Ebenen zu erkennen, über das Körperbewußtsein anzusprechen und mit verschiedenen Methoden zu regulieren.

Dabei wird deutlich, daß der Ursprung aller Heilkraft Liebe ist. Man lernt, sie im Zusammenhang mit Imagination und Chakrenenergie zu aktivieren und einzusetzen. Auch Raum und Zeit verändernde Techniken werden vermittelt (siehe »Zeitreise«, S. 132).

Die dritte Stufe schließlich ist ein Kurs für alle diejenigen, die einen Heilberuf ausüben oder mit Ärzten, Psychologen, Heilpraktikern usw. zusammenarbeiten. Zur Zeit laufen diese Ausbildungsprogramme für Heilberufe in verschiedenen deutschen Großstädten, wobei in der Praxis am Patienten gearbeitet wird, und zwar zusammen mit dem Arzt und zum Teil vor einem Gremium von Ärzten und in der Ausbildung befindlichen Heilern.

Alle Beteiligten sind immer wieder von der Beobachtung beeindruckt, daß die meisten Patienten einer bioenergetischen Behandlung gegenüber sehr aufgeschlossen sind, gleichgültig ob es ein Gespräch mit suggestivem Charakter, eine Übertragung von Bioenergie mit den Händen, eine meditative Gebetsheilung oder ein operativer Eingriff durch Geisteschirurgie ist. Bei Kranken scheint das Bedürfnis nach feinen Heilenergien erstaunlich ausgeprägt zu sein.

I
Die Schulung

Auf dem Wege zur Öffnung für bisher unbekannte Seins-Ebenen benötigen wir – wie immer – zwei Standbeine. Das eine besteht aus dem Erlernen der naturwissenschaftlichen Grundlagen und weiterer Grenzgebiete, das zweite in der Orientierung an emotionalen, mentalen und spirituellen Werten, die wir für unser Persönlichkeitswachstum benötigen, um uns anderen, neuen Ebenen zu öffnen. Dabei kann ein Lehrer und Heiler hilfreich sein.

Jeder wird in seinem Leben schon einmal gespürt haben, daß er von einer unsichtbaren Hand gelenkt wird. Das ist die *geistige Lenkung*, deren einfachste Form wir täglich spüren können, wenn uns bei bestimmten Entscheidungen ein Unbehagen beschleicht. Wenn wir dieses Unbehagen ernst nehmen und uns danach verhalten würden, könnten wir zurück ins Gleichgewicht kommen, das uns die Entschiedung vielleicht geraubt hat. Auch die innere Stimme ist eine Form der geistigen Lenkung, die unser höheres Selbst oder unsere Verbindung mit dem Weltengeist ist.

Weitere Seins-Ebenen erfahren wir durch *Hellsichtigkeit* oder *Hellhörigkeit*, indem wir Bilder oder Töne als außersinnliche Wahrnehmungen empfangen, das heißt ohne die biologische Zuhilfenahme unserer Sinnesorgane. Weiterhin sind darunter gezielte Formen von Imaginationsübungen zu verstehen, bei denen der Wunsch, dies und jenes zu erfahren, mit dem Bewußtsein (dem höheren Selbst) verbunden wird. Andere Seins-Ebenen sind die *Intuitionen*, spontanen Erkenntnisse oder Geistesblitze, die Erfinder kennen und nutzen. Eine weitere Ebene ist das *Astralwandern*, auch *Seelenwanderung* genannt, bei dem Teile des Bewußtseins den Körper verlassen. Nur in einem zentrierten, ruhigen und friedvollen Zustand, in dem Gefühl des Eins-Seins mit Gott, können diese Ebenen erreicht werden. Dies zu erreichen bedarf einer intensiven Schulung durch einen Lehrer.

Ähnliche Situationen können uns mitunter in einem Zustand zwischen Wachen und Schlafen begegnen, wenn sich das Aufwachen so zäh gestaltet, daß der materielle Körper im Bett sich wie in geringem Abstand zu einem anderen, flüchtigen, anfangs nur schwer definierbaren Körpergefühl befindet. Beide wollen sich vereinigen, finden aber scheinbar nur schwer zueinander, obwohl sie doch wie im Wachzustand fraglos eine Einheit bilden.

Meist werden solche Gefühle als unwirklich abgetan: »Träume sind Schäume.« Mit etwas medialer Übung und Erfahrung können diese Zustände aber als Bewußtseinsebenen erfahren werden, in denen sich die Seelenwanderung andeutet.

Ein im folgenden geschildertes Erlebnis Horst Krohnes bestand in einer Mitteilung aus der geistigen Welt in Form einer solchen außersinnlichen Wahrnehmung während einer Astral- oder Seelenwanderung, die als ein Schlüssel zum Verständnis geistiger Heilweisen aufgefaßt werden kann.

1. Das Schwingungsmodell

Eines Tages fühlte sich Horst Krohne während einer Astralwanderung in einen imaginären Raum versetzt, in dem sich ungefähr 30 Wesen und ein Lehrer befanden, die er zwar nicht sehen, aber deren Anwesenheit er spüren konnte. Den Lehrer konnte er außerdem hören und seine bildlichen Demonstrationen – ähnlich wie Zeichentrickfilme mit Zeitlupeneffekt zur Verdeutlichung von Energieflüssen – wahrnehmen. Alles, was Horst Krohne an diesem Ort wahrnahm, blieb in seinem Gedächtnis wie auswendig gelernt haften. Ganze Wortpassagen des Lehrers kann er heute noch wörtlich wiedergeben, nach nur einmaligem Hören.

Die Schulung begann damit, daß der Lehrer sagte: »Wir haben euch hier zusammengerufen, weil ihr den Wunsch geäußert habt zu erfahren, wie Akupunktur und Homöopathie funktionieren. Das können wir euch aber noch nicht erklären, weil ihr nicht wißt, was Leben ist. So müssen wir euch erst erklären, was Leben ist.« Nun begann eine Unterrichtung darüber, wie sich Leben entwickelt, was der Sinn des Lebens ist und wie Leben zu verstehen ist. Was der Lehrer als nächstes sagte, wirkte wie ein Schock: »Wir können euch das nur annähernd erklären, denn ihr habt nur ein sehr begrenztes

Teilbewußtsein. So können wir nur ein Modell nehmen, das ihr versteht und das die Wirklichkeit annähernd wiedergibt. Wir wollen euch erklären, warum das so ist.

Ihr könnt zum Beispiel den Begriff *Ewigkeit* nicht richtig denken. Ewigkeit bedeutet für euch ein Aneinanderreihen von langen Zeitabläufen. Aber daß diese für immer weitergehen, also keine zeitliche Begrenzung erfahren, das könnt ihr nicht verstehen. Ewigkeit bedeutet nicht, von heute ab in Zeitintervallen voranzuschreiten, sondern Ewigkeit bedeutet *schon immer* sein. Ihr seid schon immer, und ihr werdet immer sein! Und das könnt ihr am wenigsten verstehen. Ihr könnt auch mit Begriffen, die mit Unendlichkeit zu tun haben, nicht umgehen. Euer Denken ist so strukturiert, daß ihr Unendlichkeit nur versteht, indem ihr euch große Räume vorstellt und dann fragt: ›Was kommt dahinter?‹ Und es geht wieder ein Stück weiter. Ihr könnt euch nicht vorstellen, daß etwas immer weitergeht, ohne Grenzen, unendlich. Ja, selbst die Endlichkeit könnt ihr euch nicht vorstellen. Denn den Punkt, der keine Ausdehnung hat, könnt ihr euch nicht vorstellen. Für euch hat ein Punkt immer eine Ausdehnung. Ihr könnt einen Punkt nur verstehen, wenn ihr ihn immer wieder teilt, oder ihn in irgendwelche Meßdaten einbindet. Aber einen Punkt ohne räumliche Grenzen könnt ihr nicht verstehen.

Ihr könnt also die Endlichkeit und die Unendlichkeit nicht verstehen, und was Ewigkeit ist, könnt ihr nur ahnen. Genau diese Bereiche sind aber die Träger des Lebens; sie bestimmen die Gesetzmäßigkeit, nach der das Leben abläuft. Und so möchten wir euch ein Modell vorstellen, das von einer geistigen Dimension handelt, die ihr Gott oder Weltenlogos oder kosmisches Bewußtsein nennt. Diese Ebene, auf der sich das volle Bewußtsein der gesamten Schöpfung konzentriert, das, was ihr Gott nennt, wollen wir in unserem Modell einmal die *unendlich schnelle Schwingung* nennen. Unendlich schnelle Schwingung bedeutet, daß alles so schnell schwingt, daß es auf einmal schwingt. Das nennt ihr dann die All-Einigkeit Gottes, des All-Einigen. Die Schwingung ist hier so schnell, daß sie nur als *eine* Schwingung wahrgenommen werden kann. In dem Bereich, in dem alles so schnell schwingt, sind Raum und Zeit aufgehoben. Und aus dieser unendlich schnellen Schwingung bildet sich eine Energie, die ihr den *Geist* nennt. Dieser Geist transformiert die unendlich schnelle Schwingung in wahrnehmbare Schwingung. Hier benötigt der Geist jetzt Hilfe, und er benutzt dazu das, was ihr *Seele* nennt. Der Geist beseelt das Universum, und diese Seele ist nun der Transformator, Übersetzer des Geistes zur Materie hin.

Der Schöpfungsprozeß hat zwei Dimensionen: den aktiven und den passiven Geist. Der aktive Geist ist Gott oder die unendlich schnelle Schwingung, und der passive Geist ist das, was ihr *Materie* und *Energie* nennt. Während der aktive Geist die Information ist, nach welcher der passive Geist reagiert, ist der passive Geist das, was ihr als *Wirklichkeit* anseht. Der passive Geist ist also abhängig vom aktiven Geist. Ob wir eine individuelle oder eine kollektive Seele vor uns haben – alles ist beseelt, weil die Information des aktiven Geistes aus der unendlich schnellen Schwingung, also dem göttlichen Bewußtsein, diese Transformation durchmachen muß und die Hilfe der Seele benötigt. Der Geist hat sich diese Beseelung geschaffen, und er nutzt diese Übersetzung, um zu wirken. Denn die *Wirklichkeit* ist weiter nichts als die Wirkung Gottes auf der passiven Ebene des Geistes. Diese Wirkung wird weiter transformiert durch die einzelnen Schwingungsebenen des passiven Geistes, der Materie und Energie ist, wobei diese letztlich das gleiche sind, nur in unterschiedlichen Aggregatzuständen oder Schwingungen.«

Das war also die erste Erklärung des Lehrers aus der geistigen Welt. Und nun wurde erklärt, wie eine Seele ausgebildet wird und wie sie lernt, denn sie muß zunächst die unterschiedlichen Zustände der Materie erkennen lernen. Dazu gehört auch das Erkennen der drei Erscheinungsformen (Aggregatzustände) der Stoffe, *fest, flüssig, gasförmig.*

Für diese Aufgaben benötigt die Seele einen Helfer, das ist die *Psyche* (siehe S. 32 ff.). Seele und Psyche stellen ein Kraftfeld dar, welches Resonanzen im Körper erzeugt – das ist die Psychosomatik.

Der Lernprozeß der Seele wurde in der Schulung mit einer Art von Zeichentrickfilm vorgeführt, welcher zeigte, wie eine einzelne Schwingung des Geistes, die eine ganz bestimmte Frequenz eines atomaren oder molekularen Prozesses hat, *heruntertransformiert* wird. Dabei lernt die Seele, die geistige Schwingung in die Materie zu tragen, und sie erlebt in der Materie die atomare Struktur. Sie lernt nun alle Elemente der Wirklichkeit kennen, um zunächst atomare Prozesse steuern zu können. Erinnern wir uns an die Physik: Atome, die kleinsten Teilchen mit den Eigenschaften chemischer Elemente, können je nach ihrem inneren Bau und ihrer Anordnung unterschiedliche Elemente und verschiedene Stoffe bilden. Jede meßbare Stoffmenge setzt sich aus einer ungeheurer großen Anzahl von Atomen zusammen.

Als nächsten Schritt lernt die Seele, über die geistige Information aus Atomen Verbindungen zu bilden, die Moleküle, und sie lernt, chemische Prozesse zu steuern. Hat sie das gelernt, so gerät sie in die Vorstufe des Lebens, in die Kristallisation. Der Lehrer machte deutlich, daß Kristalle die Vorstufe des Lebens sind. Sie können bereits wachsen und sind in der Lage, Energieformen zu transformieren. Die Seele lernt, Energie aus den Kristallen herauszuholen. Das ist der gleiche Vorgang wie die Umwandlung der Sonnenenergie mit Hilfe von Silizium in Elektrizität. Dieser Einblick in seelische Zusammenhänge erklärt uns auch, woher die Bioenergie kommt.

Hat die Seele diese Erfahrung gemacht, so darf sie aus der Kristallisation heraus in die Urform des Lebens gehen, in die der Viren. Diese können sich noch nicht selbst fortpflanzen, nutzen aber zur eigenen Vermehrung höher entwickeltes Leben.

Der folgende Lernschritt der Seele führt zu den Einzellern, dann zu den Mehrzellern und schließlich in Lebensbereiche mit organisiertem Leben, in Leben mit Organen, die untereinander *organisiert* sind – *Organismen*, die schon eine geordnete Form von Prozessen haben. Und schließlich kommt der Schritt von den einfachen in die höheren Lebensformen, die bereits kreativ und konstruktiv an der Schöpfung mitarbeiten. Das ist zum Beispiel die Intelligenz der Vögel, Nester zu bauen und ihre Jungen nach bestimmten, in ihrer Vererbung liegenden Ritualen, aufzuziehen.

Das alles ist eine ungeheuer große Aufgabe für die Seele: Sie muß sich mühselig hocharbeiten, bis sie in der Lage ist, die vielen Billionen Körperzellen des Menschen mit je mehreren zehntausend Funktionen pro Sekunde zu steuern.

Der Mensch, auf den wir eben schon vorgegriffen haben, ist jedoch noch wesentlich freier als die Tierform. Er hat ein eigenes Bewußtsein und deshalb eine eigene Individualseele. Die Seele des Menschen steuert alle Prozesse mit ihrer enormen Menge an Informationen und Funktionen. Diese Steuerung wurde von dem Lehrer nur bildlich vorgestellt. Inzwischen können diese Zusammenhänge konkret belegt werden. So sind neuere Forschungsergebnisse über die Chakren und die in uns pulsierenden Informationsenergien bekannt geworden. Ein Forschungsteam aus Tokio hat festgestellt, daß in einem einzigen Chakra eines Menschen mehr Frequenzen und Informationen fließen, als alle Fernseh- und Rundfunkstationen der Erde zusammen es schaffen (siehe dazu Motoyama, Brown »Chakra-Physiologie«).

Diese Information ist Energie, die *heruntertransformiert* wird von der unendlich schnellen in die endlichkeitsnahe Schwingung, dorthin, wo wir existieren, gar nicht so weit weg vom absoluten Nullpunkt, der die endlich schnelle Schwingung darstellt. Da Geist und Leben Informationsenergie ist, muß es einen Weg geben, diese Energie wieder abzuleiten. Wenn sie nicht dorthin zurückfließen könnte, wo sie hergekommen ist, würde das Universum verglühen. Deshalb gibt es einen Rückkoppelungsprozeß, mit dem die langsamen Schwingungen, wie wir sie erkennen können, höher und höher transformiert werden, bis sie wieder unendlich schnell geworden sind. Dieser Rückkoppelungsprozeß oder die Rückverbindung zum Geist ist die *Religio*. Daraus entstand der Begriff *Religion*. Die Religionen besagen: »Wir kommen alle zu Gott.« Das bedeutet, daß alle Informationen, die vom Geist aus der unendlich schnellen Schwingung heruntertransformiert worden sind, die Welt beseelen und wieder zurückfließen, ja, förmlich zurückfedern wie ein auf die Erde geschleuderter Gummiball.

Folgende Erkenntnis bzw. folgender Grundsatz kann festgehalten werden: *Leben kommt aus dem Geist und wird über die Rückkoppelung wieder mit dem Geist verbunden.* Mit diesem Modell vor Augen können wir den Schöpfungsprozeß anders und viele Aussagen der Religionen besser verstehen, zum Beispiel, daß Gott alles hört und sieht. Da alle Informationen, die in uns und auf allen Ebenen des Universums ablaufen, wieder hoch transformiert werden, *zurückschwingen*, kommt alles, was hier auf der Erde erwirkt wird, auch wieder bei Gott an. Das bedeutet aber auch für uns, die wir an Raum und Zeit gebunden sind, daß wir Gott nicht verstehen können. Im Alten Testament heißt es dazu sinngemäß: »Du sollst dir kein Bildnis machen von

Gott« (2., 4. und 5. Buch Mose), denn jede Vorstellung von Gott wäre eine Lästerung seiner Herrlichkeit. Damit war alles rein Bildliche gemeint.

Um mit Schwingungen umgehen und Energien verstehen zu können, die uns bisher unbekannt waren, benötigen wir ein neues Verständnis. Wie im Schwingungsmodell (siehe S. 27) gezeigt wird, ist davon auszugehen, daß auf der geistigen Ebene Raum und Zeit aufgehoben sind. Geistheilung kann zum Teil so verstanden werden, daß die unendlich schnelle Schwingung direkt in das physische Universum transformiert wird und so Spontanheilungen auslösen kann.

Fassen wir noch einmal zusammen:

Aus der unendlich schnellen Schwingung (Gott, kosmisches Bewußtsein) kommt der Geist. Er ist der Träger der Information und der Gesetzgeber. Die Schwingungen werden auf die wahrnehmbare Ebene heruntertransformiert bis zu einem bestimmten Punkt, an dem die Seele als Schaltstelle zwischen aktivem und passivem Geist als Dolmetscher notwendig ist. Die Transformation geht aber weiter bis in die dumpfen, langsamen Schwingungen auf unserer materiellen Ebene, die wir wahrnehmen können. Auf allen Ebenen wird wieder hochtransformiert, das heißt, die Schwingungen federn zurück und der Kreislauf schließt sich.

Dieses Geben und Nehmen wird auch in den jüngeren physikalischen Theorien berücksichtigt, zum Beispiel in den Gesetzen der Resonanz und der Inversion. Hier können sich Schwingungen gegenseitig beeinflussen. Sie können sich zum Erlöschen bringen (Inversion) oder zum Mitschwingen anregen (Resonanz). Aber dabei entsteht jedesmal eine Verzerrung der ursprünglichen Schwingung und damit auch der Botschaft des Geistes. Damit die Botschaft dennoch richtig ankommt, ist auf dem Weg von der unendlich schnellen bis zur wahrnehmbaren Schwingung, bis zur Materie, ein Selbstregulierungsprozeß eingebaut. Dieser funktioniert nach folgendem, von dem Lehrer genannten Lehrsatz (siehe Heilungsmodell):

Auf dem Wege vom Geist bis in die Wirklichkeit der Materie nimmt der Geist begierig jede Information auf, die zur Selbstregulierung führt.

Wenn also irgendwo Veränderungen oder Verzerrungen der Information aufgrund physikalischer Gesetze stattfinden, reguliert sich das wieder aus dem Raum heraus, wenn irgendwo eine Information vorhanden ist, die der verzerrten, zu transformierenden Information gleicht. Dieser Selbstregulierungsprozeß ist die Heilung. Es gibt ihn jedoch nicht auf der Ebene der Rückkoppelung.

Ein Problem beginnt erst dann, wenn der Informationsträger und -verarbeiter als Individuum einen freien Willen hat wie der Mensch, der die Aufgabe hat, kreativ an der Schöpfung mitzuwirken, und der nicht nur als stummer Befehlsempfänger fungiert. Alles, was wir kreativ ausdrücken, ist geistige Information, denn der Geist ist in uns und wir sind *da im Geiste*. Deshalb bezeichnet man unser Leben auch als *Da-Sein*. Unser Dasein findet in der Wirklichkeit statt, in der wir unsere kreativen Fähigkeiten und Talentierungen ausbauen dürfen, um allmählich den gesamten Schöpfungsprozeß verstehen zu lernen. Das erwähnte Problem entsteht dann, wenn wir unseren freien Willen dazu benutzen, uns Freiheiten herauszunehmen, die gegen die in den Evolutionsplan eingebauten Gesetze verstoßen.

Die Abbildung 1 zeigt das Schwingungsmodell, so wie es in der Schulung vorgestellt wurde. Man erkennt zunächst die drei Bereiche des Seins: den des Geistes, den der Psyche-Seele und den grobstofflichen Bereich des Körpers, der Materie. Am rechten Ende befindet sich Gott, der Weltenlogos oder das kosmische Bewußtsein – die unendliche schnelle Schwingung. Hier entspringt die Energie des Göttlichen – der Geist. Er transformiert die unendlich schnelle Schwingung zunächst auf die Ebene der Seele herunter, die als Vermittler des Geistes dient. Von hier aus wird die Schwingung weiter heruntertransformiert bis in den wahrnehmbaren, endlichen Bereich der Materie, an dessen Ende in einem nur ganz schmalen Bereich menschliches Leben existiert. Hier kommt die geistige Information, die geistige Energie an (oben gestrichelt dargestellt) und fließt (unten) wieder zurück.

Man sollte dieses Schwingungsmodell zunächst länger auf sich wirken lassen, denn es ist sehr abstrakt und gibt die Wirklichkeit nur annähernd wieder, und zwar derart vereinfacht, daß wir es verstehen können. Dennoch dient es uns zusammen mit dem später noch aus-

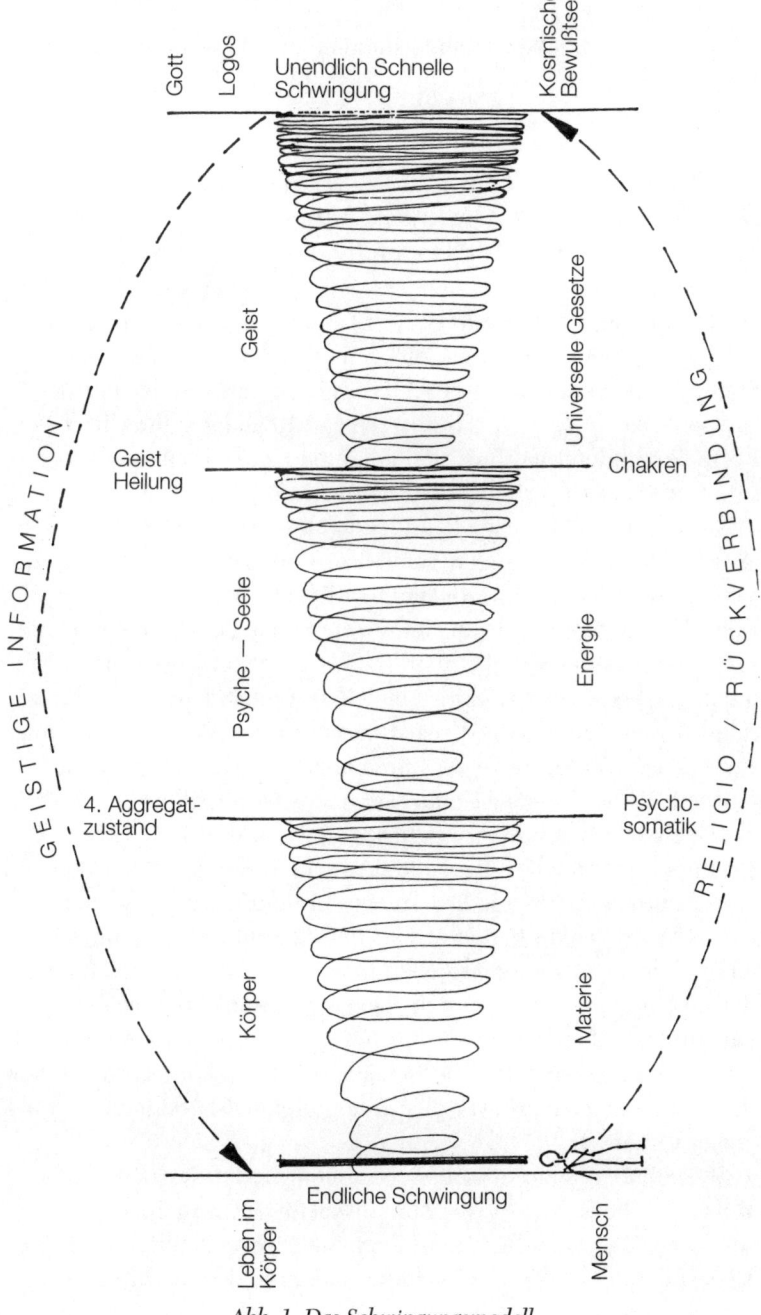

Gott
Logos
Unendlich Schnelle Schwingung
Kosmisches Bewußtsein

Geist

Universelle Gesetze

Geist Heilung
Chakren

Psyche — Seele

Energie

4. Aggregatzustand
Psycho-somatik

Körper

Materie

Endliche Schwingung

Leben im Körper

Mensch

GEISTIGE INFORMATION

RELIGIO / RÜCKVERBINDUNG

Abb. 1 Das Schwingungsmodell

führlicher behandelten Heilungsmodell zum Verständnis aller Lebensprozesse.

Wie geschieht der Wechsel von einem Energie- bzw. Bewußtseinszustand (Materie, Energie, universelle Gesetze) in den nächsten?

Im Schwingungsmodell gibt es zwei Übergangsstellen. Wir befassen uns zunächst mit der ersten, die sich am Übergang vom *Geist* zur *Seele* befindet, energetisch gesehen am Übergang von den *universellen Gesetzen* zur *Energie*. Hier ist die Geistheilung in ihrer höchsten Form vorhanden, und hier sind auch die Chakren angesiedelt, unsere Energiezentren, in denen *die Seele wohnt*.

Der aus dem Göttlichen kommende Geist ist immer vollkommen, aber jede Übersetzung, jede Transformation in eine andere Bewußtseinsebene bringt Schwierigkeiten mit sich. Dann muß die Seele weiterhelfen. Sie ist ein von Gott erschaffenes Potential, das an dieser ersten Übergangsstelle übersetzen soll. Wenn diese Vermittlung nicht funktionieren will, sprechen wir von unheilbaren oder karmischen Krankheiten. Wie wir später noch sehen werden, kann man versuchen, mit der Seele zu kommunizieren, sie vollkommener zu machen. Dieser Vorgang ist die eigentliche Geistheilung.

Die eben kurz erwähnten, sehr wichtigen und in ihrer wahren Bedeutung bisher noch weitgehend unbekannten Chakren werden uns später noch beschäftigen. Daher hier nur eine kurze Einführung.

Das Wort Chakra bedeutet *Rad* und kommt aus dem Indischen. Überall dort, wo Energien sich kreuzen, entstehen Wirbel, die wiederum Energien ansaugen. Die Chakren, die solche Wirbel darstellen, sind im oberen Bereich des Schwingungsmodells angesiedelt. Sie gehören bereits zum menschlichen Energiekörper und stellen die Verbindung zum universalen Energiefeld – *Chi* oder auch *Prana* genannt – dar.

Sie befinden sich an sieben zentralen Stellen im menschlichen Körper (siehe S. 51, Abb. 3), sind diskusförmig, und ihr Durchmesser beträgt zwischen fünf und 17 cm. Sie haben eine trichterförmige Einstrudelung und sind mit ihren Enden im Hauptkraftstrom des

Körpers verwurzelt, der *Kundalini*, die entlang der Wirbelsäule verläuft.

Die Chakren sind (nach der Interpretation von Horst Krohne, zu der es auch Alternativen gibt)»die Einfallstore des Geistes, in denen die Seele wohnt«. Die Seele wandelt die einfallende Kraft in Energie um, so auch unter anderem in elektrische und magnetische Energie. Dieses Spektrum vielfältiger Frequenzen wirkt in jedem Chakra in der Form einer sehr großen Anzahl von Informationen. Aufgrund dieser hohen Informationsdichte ist die Seele in der Lage, alle Körperfunktionen – von den molekularen bis zu den organischen – zu steuern. Die größten Störungen, die wir als Krankheiten erleben, geschehen an den Übergangsstellen von einer zur anderen Energie, also am Übergang vom Abschnitt *Geist* zum Abschnitt *Seele* und von diesem zum Abschnitt *Körper*.

Die zweite Übergangsstelle in unserem Schwingungsmodell (siehe Abb. 1) befindet sich zwischen der Seele/Psyche und dem Körper. Hier herrscht ein vermuteter vierter Aggregatzustand, hier wird Leben plasmatisch (siehe Glossar). An dieser Stelle vollzieht sich Materialisation beziehungsweise Entmaterialisation, und hier ist die Aufhebung der Schwerkraft, die Levitation, zu finden. Ihr begegnen wir bei der Astralwanderung und bei Prozessen der Geistheilung, wie etwa der Auflösung von Nierensteinen oder bei der Entfernung von Myomen und Zysten (Geisteschirurgie).

In diesem vierten, plasmatischen Aggregatzustand lösen sich die Atome in Elementarteile auf, werden zu Licht oder Energie. Das ist normalerweise erst bei sehr hohen Temperaturen der Fall. Temperaturen sind auch Schwingungspotentiale: je höher die Temperatur, desto höher die Schwingung. Bei ganz hohen Temperaturen beziehungsweise Schwingungen wird Materie zu Energie. An dieser Übergangsstelle gibt es allerdings einen vierten Aggregatzustand, der nicht an Temperaturen gebunden ist. Der Geist ist in der Lage, in lebendigen Systemèn den vierten, plasmatischen Zustand ohne Bindung an Temperaturen zu erzeugen und Materie abzubauen (Entmaterialisation) oder aufzubauen (Materialisation).

Abstrakt ausgedrückt bedeutet dies: Der Geist zielt, aus der unendlich schnellen Schwingung kommend, hierhin, um in der Wirklichkeit etwas zu erwirken.

Ganz links im Modellbereich *Körper* spielt sich unser Leben ab, existiert der Mensch. Es gibt zwar Lebewesen, zum Beispiel Bakterien, die in heißen Quellen noch bei plus 90° Celsius existieren, und es gibt einige Spezies, die sich an die hohen Minustemperaturen in der Antarktis angepaßt haben. Der Temperaturbereich, in dem der Mensch existieren kann, ist aber sehr schmal. Er ist auf etwas mehr als plus 36° Celsius eingestellt. Erhöht sich unsere Körpertemperatur um 5 bis 6° Celsius, so bekommen wir hohes Fieber. Das Körpereiweiß beginnt zu gerinnen, und der Mensch stirbt. Sinkt die Körpertemperatur um 5° Celsius, so stirbt er an Unterkühlung. Im Modell ist der schmale Bereich, in dem unser Leben stattfindet, daher nur durch einen Strich dargestellt. Hier muß alles genau aufeinander abgestimmt sein, und das ist auf dieser schmalen Ebene besonders gut möglich, weil in unserem Körper alle vier Aggregatzustände notwendig sind und vorhanden sein müssen – Flüssigkeiten, Wasser hauptsächlich, und ebenso gasförmige und feste Substanzen, die sich im Körpertemperaturbereich (um plus 36° Celsius) optimal verhalten.

In diesem schmalen Bereich können wir uns also am besten verwirklichen und alle Prozesse innerhalb der verschiedenen Aggregatzustände erfahren, bis hin zur reinen Energie (zum Beispiel beim Nerven- und Akupunktursystem). Wir sind also in der Lage, alle Materiezustände und Energieformen in uns zu vereinigen, und wir wirken auf dieser Ebene mit, nicht nur als Befehlsempfänger, der in Resonanz geht mit dem Schöpfungsprozeß, sondern auch als kreativer Mitarbeiter.

Zur gleichen Zeit, als diese Zusammenhänge von der geistigen Welt übermittelt wurden, erhielt, Krohne das »Lehrbuch der Harmonik«, Zürich 1950, von Hans Kayser, einem Schweizer Autor, der zur weltweiten Erforschung der harmonikalen Gesetze beigetragen hat, über die er mehrere Jahrzehnte forschte. Eines dieser Gesetze hat die Rückverbindung (Religio) zum Inhalt. Es bedeutet, musikalisch ausgedrückt:»Es gibt eine Obertonreihe.« Alle Schwingungen erzeugen Obertöne, gleichgültig in welchem Bereich. Man sagt dazu:»Der Ton verliert sich im Raum.« Die Schwingung verdoppelt sich so oft und so lange, bis sie unendlich hoch geworden ist, und damit kann im *göttlichen Bereich* alles erfaßt werden, was *unten* passiert (siehe Rückkoppelung). Nach dem Gesetz der Obertonreihe werden alle Schwingungen immer nach oben transformiert. Beim Obertonsingen wird ein tiefer Ton gesungen, wobei plötzlich hohe Töne im Raum auftauchen.

Diese Überlagerungswellen, die immer höher schwingen, gibt es überall; und so schwingt alles wieder zurück zur unendlichen schnellen Schwingung. Diese Erkenntnis bietet eine ganze Reihe von Erklärungen für Heilungsprozesse.

Dieses Prinzip der Verdoppelung finden wir auch in der Homöopathie. Hier wird durch Schütteln und Klopfen mit kinetischer Energie das gleiche erreicht wie in der Musik nach dem Gesetz der Obertonreihe. Durch Aufschütteln wird der Rückkoppelungsprozeß in Gang gesetzt, dynamisiert, bis er *oben* ankommt.

Allen Schwingungen sind Informationen aufgepfropft, die immer weiter und höher getragen werden, bis sie oben bei Gott ankommen. Das bedeutet aber, daß alle unsere Taten und Gedanken, unser täglicher Kleinkrieg, Groll, Streß und Egoismus oben bei Gott ankommen! Unser Heranreifen bedeutet, uns über die Dissonanz allmählich in die Konsonanz emporzuarbeiten. Wir sollten uns bemühen, reiner und wahrhaftiger zu werden und in Vollkommenheitsbegriffen zu denken und zu leben. Erst wenn wir das können, wenn wir uns im Gewahr-Sein aller drei Ebenen Körper–Seele–Geist befinden, erst dann können wir selbst heil werden und entwickeln die Möglichkeit, andere zu heilen.

Der Mensch wird frei, wenn »das ganze Leben zu einem Gebet wird«, wenn eine ständige Verbindung zu Gott besteht. Es gibt immer eine Verbindung zwischen Denken und Handeln und dem Gesundheitszustand. Der Psychologe Hans Schmid hat diese Zusammenhänge folgendermaßen ausgedrückt: »Nur über uns als Teil des Ganzen findet Gott zu sich selbst zurück.« Wir als *Kinder Gottes* sind also in der Lage, die göttlichen Ideen zu verwirklichen. Uns geht es gut, und wir sind gesund, wenn wir die Gesetze verstehen und nicht gegen sie verstoßen. Dann finden unsere Ideen und Taten Anklang.

Warum sind Seele und Psyche ein Team?

Diese Frage kann auf Widerspruch stoßen, weil sie scheinbar falsch ist und nicht der üblichen Terminologie entspricht, denn allgemein gelten Seele und Psyche als dasselbe: Psyche ist nur die griechische Bezeichnung für Seele.

Horst Krohne hat sich in diesem Punkt absichtlich in Widerspruch zur gängigen Psychologie gesetzt und hat seine Lehre bewußt auf dieser *Doppeldeutigkeit* aufgebaut. Bei geistigen Heilungen muß unterschieden werden zwischen den Bereichen, in denen die Störung liegt. Sind das entweder die Charaktereigenschaften, die einem das Leben schwermachen, oder ist es fehlender Ausdruck in denjenigen Bereichen, die ohne charakterliche Benennung seelische Anlagen anzeigen, wie etwa Liebe oder Weisheit?

Aber in der herkömmlichen Psychologie wird kein Unterschied gemacht zwischen Charaktereigenschaften und den anderen Eigenschaften, die unabhängig von den Charaktereigenschaften existierende seelische Anlagen ausdrücken, wie zum Beispiel Liebe, Weisheit, Glaube (nach Diamond *Glaube* im Sinne von Vertrauen in die Existenz) oder Gewissen. Dagegen soll hier unterschieden werden:

Die *Seele* ist das Formende in uns.
Die *Psyche* ist der Ausdruck der Seele in Form von Charaktereigenschaften.

Es gilt aber auch hier, daß Seele und Psyche eine Einheit sind. Die Seele benötigt jedoch psychische Eigenschaften, um sich ausdrükken zu können, und dies sind die Charaktereigenschaften, welche die Seele sich erst erschaffen muß. Die oben erwähnten seelischen Anlagen sind diesen Charaktereigenschaften übergeordnet. Seele und Psyche sind also die beiden Seiten ein und derselben Medaille.

Alles, was *Seele* bedeutet, einschließlich ihrer psychischen Merkmale, kann als Schwingung oder Information begriffen werden. Um sich auf der physisch-körperlichen Ebene ausdrücken zu können, muß die Seele eine große Anzahl von menschlichen Charaktereigenschaften bündeln. Diese gebündelten Eigenschaften erzeugen eine energetische Resonanz zu chemischen Abläufen im körperlichen Sein und steuern diese dadurch (Psychosomatik).

Somit sind bestimmte charakterliche Eigenschaften verantwortlich beziehungsweise steuernd wirksam für physisch-chemische (biochemische) Vorgänge.

Um es noch einmal konkreter auszudrücken: Die Seele sucht sich, um den Körper steuern zu können, bestimmte psychische Eigenschaften, mit denen sie meint, umgehen zu können. Diese Eigenschaften erleben wir als Charaktereigenschaften, Neigungen oder Bedürfnisse, und jede dieser Eigenschaften – Habgier oder Geiz, Liebenswürdigkeit oder Fleiß – hat eine eigene Schwingung. Derartige Charakterbündelungen sind mit der Kirlian-Fotografie oder feinsten Messungen der Bioresonanz erkennbar. Psychische Eigenschaften gibt es in sehr großer Anzahl, von denen rund tausend so zentrale Begriffe bzw. gebündelte Informationen sind, wie zum Beispiel die Pünktlichkeit.

Diese ist zwar eine Charaktereigenschaft, die aber auf mehreren Untereigenschaften basiert. Um pünktlich sein zu können, muß man erstens die Zeit abschätzen können, um rechtzeitig dorthin zu kommen, wo man sich verabredet hat, zweitens muß man Verabredungen einhalten, das heißt Wort halten können, und drittens muß man ein Gefühl für die Zeit haben. Viele Menschen sind deshalb unpünktlich, weil sie sich ablenken lassen durch verschiedene, auf sie wirkende Eindrücke, über denen sie ihren Zeitplan vergessen; sie haben kein Gefühl mehr für den Zeitplan.

Diese Charaktereigenschaften benötigt die Seele, um sich auf der physischen Ebene direkt ausdrücken zu können. Sie will bestimmte Eigenschaften vereinen, weil diese Schwingungen die chemischen Prozesse im Körper steuern. Jede psychische Struktur oder Frequenz benötigt ganz bestimmte Stoffwechselprozesse, oder jede psychische Struktur kann nur ganz bestimmte Stoffwechselprozesse steuern. Da wir alle einzigartig in den Charaktereigenschaften und Bedürfnissen sind, sind wir beispielsweise auch einzigartig in der notwendigen Nahrungszusammenstellung. Deshalb ist es falsch, bestimmte Nahrungsmittelzusammenstellungen oder Diätformen für viele Menschen einheitlich festzulegen. Davon wird in Kapitel III noch ausführlich die Rede sein.

Die bereits erwähnte Psychosomatik ist ein Funktionsmuster des psychischen und physischen Zusammenwirkens. Wenn psychosomatische Prozesse durch eine falsche Lebensweise verzerrt sind, zum Beispiel durch falsche Ernährung, oder wenn die Seele sich unmögliche, widersprüchliche Eigenschaften zusammengebastelt hat, kommt es zu Komplikationen und damit zu einer psychosomatisch bedingten Erkrankung. Durch das Kennenlernen der psychischen Bereiche – unserer Neigungen und Bedürfnisse oder unserer Nahrung – können wir eine intakte psychosomatische Funktionsweise wiederfinden.

Da zwischen der Psyche/Seele und dem Körper eine ständige Resonanz stattfindet, kann die Seele durch Inspiration und Intuition die richtige Nahrung finden, denn sie ist in der Lage zu spüren, was ihr fehlt. Werden aber der *Kopf* zu stark und die antrainierten Regeln zu dominant, so können wir das *innere Fließen* nicht mehr wahrnehmen und wir geraten in ein Fehlverhalten, das Ausdruck unseres Krankseins ist.

Dann wird ein Lehrer notwendig, der uns zu den feinen inneren Wahrnehmungsmustern der Seele zurückführt, mit denen wir intuitiv wieder unsere individuellen Bedürfnisse befriedigen können (siehe dazu B. A. Brennan,»Licht-Arbeit«, S. 409 f.).

Dies soll anschaulich werden am zentralen Begriff *Glück*. Viele Menschen streben nach Glück, aber damit ist oft materielles Glück gemeint, und das kann sehr kurzlebig sein. Hier geht es jedoch darum, daß die Seele glücklich ist. Dieses Glück der Seele ist nur durch die höhere Form des Glücks zu erlangen, die Glückseligkeit.

Seelische Erkrankungen sind im allgemeinen sehr schwer erkennbar und noch schwerer therapierbar, wie Horst Krohne mit folgendem Beispiel zeigt:

Es geht um einen Mann, der äußerlich gesehen ideale Lebensbedingungen und ein vollkommenes Familienglück hat: Er hat einen interessanten Beruf mit einem guten Einkommen, eine Frau, die er liebt, und glückliche, wohlgeratene Kinder. Dieser Mann sagt:»Bitte helfen Sie mir, ich bin unglücklich.«

Er ist unglücklich und weiß nicht warum. Obwohl alle materiellen Bedürfnisse optimal befriedigt sind, ist er seelisch krank. Materielle Zufriedenheit und menschliche Harmonie reichen nicht immer aus, um glücklich zu sein. In den Tätigkeiten des Mannes werden nicht alle Bedürfnisse erfüllt, die zum Beispiel mit Glauben, Kreativität und Einverstandensein oder mit hochstehenden menschlichen Begriffen wie Gewissen und Weisheit zu tun haben. Hier kann mit Erkenntnis und Veränderung durch Anschauen und Erfahren der Gefühle geholfen werden. Auf geistiger Ebene greift der Geist regulierend ein, um schließlich seelische Bedürfnisse zu erfüllen (siehe Heilungsmodell).

Wie wir wissen, formt und bündelt die Seele charakterliche, also psychische Eigenschaften oder Grundbegriffe menschlichen Verhaltens. Über diese entstehen dann die psychosomatischen Reaktionen bis hin zum körperlichen Aussehen.

Es wird angenommen, daß es rund tausend zentrale psychische Grundbegriffe gibt, wie zum Beispiel fleißig – faul, feurig – fad, gewinnend – langweilig, mitteilsam – verschwiegen – anspruchsvoll – bescheiden, offenherzig – verschlossen, unnachgiebig – wandelbar, friedliebend – gewalttätig, ausgelassen – gemessen, aufrichtig – unaufrichtig. Es bedarf eines menschlichen Entwicklungsprozesses, diese zu erfahren und zu unterscheiden.

Hat der Mensch etwa 300 dieser psychischen Eigenschaften erreicht und kann ihre negativen Anteile beherrschen, beginnt er, weise zu werden. Mit circa 150 psychischen Eigenschaften ist er *engstirnig*, der Durchschnitt liegt bei 250 Eigenschaften.

Das Dilemma, warum viele Menschen sich nicht verstehen, liegt darin, daß sie unterschiedliche oder gar divergierende Charaktereigenschaften vertreten. Gerade auf der unterschiedlichen Zusammensetzung basiert eine Unstimmigkeit oder ein Verständnis zwischen Menschen. Hat die Seele aber durch Weisheit, Gewissen, Transzendenz und Erkenntnisreichtum ihre Stärke im seelischen Bereich gewonnen, so kann sie unter Umständen mit eigenen und fremden Widersprüchen gut leben. Wegen dieser Kombinationsmöglichkeit bei der Auswahl und Bündelung psychischer Eigenschaften und seelischer Überbegriffe gibt es praktisch eine unbegrenzte Anzahl von Mischungen, so daß jeder Mensch einzigartig ist. Psychologisch gesehen kann im menschlichen Bewußtsein nur durch Bewußtwerdungsprozesse, das heißt Erkenntnis, ein Auflösen bzw. Fallenlassen von Fehlverhalten erfolgen.

Zurück zu dem Bereich Psyche/Seele. Wir haben uns mit psychischen (Charakter-)Eigenschaften beschäftigt und wollen nun auch seelische Eigenschaften betrachten, die Reinhold Ebertin (»Kosmopsychologie«, Aalen 1973)»Begabungseigenschaften« nennt.

Seelische Eigenschaften sind beispielsweise: Mut, Selbstvertrauen, Gemeinschaftssinn, Erkenntnisfähigkeit, Weisheit, Wissen, Glaube, Kreativität, Liebe, Güte, jede Form von Begabung wie zum Beispiel Musikbegabung, Kunstverständnis und -ausdruck, Schönheitssinn in allen Formen.

Es ist wichtig, eigene innere Zustände therapeutisch erkennen und verstehen zu lernen – denn nur Bewußtheit löst neurotische Strukturen auf – und Möglichkeiten zu nutzen, die nicht in unseren Grundmustern verankert sind, sondern aus der persönlichen Weiterentwicklung resultieren, ohne sich zu blockieren. Wenn aber unsere Blockaden in diesen Prozeß hineinwirken, kann es zu Problemen kommen. Wenn man Gier und Unersättlichkeit auf irgendeiner Ebene entwickelt, dann kann der Blutdruck steigen und wir können zu Überfunktionen im organischen Bereich neigen. Wenn man sich andererseits zurückzieht und in Ruhe gelassen werden will, kann das degenerative Prozesse zur Folge haben, also Unterfunktionen. Die Seele hat sich dann *aufgegeben*, entwickelt keinen Ehrgeiz, keine Kreativität mehr. Diese Prozesse finden aber nicht auf physischer, sondern auf psychisch-seelischer Ebene statt und sind über die psychosomatische Wechselwirkung mit dem Körper verbunden.

Hieraus ergibt sich der folgende wichtige Grundsatz: Es gibt nur zwei Krankheitsformen, nämlich diejenigen, die sich aus Überfunktionen ergeben und diejenigen, die aus Unterfunktionen entstehen. Dazu später mehr (siehe S. 39).

Wenn jemand im psychischen Bereich erkrankt, so bedeutet das, daß die Seele nicht in der Lage ist, physische Prozesse unter Einsatz der psychischen Eigenschaften zu steuern. Seele und Psyche als Einheit lernen (durch den Körper, über den Körper und mit dem Körper) in psychosomatischer Wechselwirkung. Dieser Lernprozeß der Seele ist im wesentlichen der Sinn unseres körperlichen Daseins. Das wird bei der späteren Behandlung der Chakren noch eine wichtige Rolle spielen, denn die Seele benutzt die Chakren, um mit dem Körper zu kommunizieren. Das kann sie aber nicht allein, sondern sie braucht dazu einen Helfer wie die Psyche. Deshalb müssen Seele und Psyche auch ein Team sein.

Was kann die Materie?

Als letzten Bereich des Schwingungsmodells wollen wir uns mit der
Materie befassen, die bisher etwas abwertend betrachtet wurde: Sie
befindet sich ganz unten, hat dumpfe und langsame Schwingungen,
ist nur grobstofflich – so waren die bisherigen Wertungen.

Die dennoch vorhandenen großen Fähigkeiten der Materie ver-
deutlichen auf spektakuläre Weise die Pflanzen, wie Peter Tompkins
und Christopher Bird in:»Das geheime Leben der Pflanzen«, Frank-
furt a. M. 1973, ausgeführt haben.

Ein deutscher Forscher namens Vogel zog bei einem seiner Experimente Kressesamen in einer Saatschale, über die er eine abdich-
tende Glasglocke stülpte und diese mit nichts anderem als destilliertem Wasser begoß. Nachdem aus den Samen Pflanzen
herangewachsen waren, verbrannte Vogel diese und stellte fest, daß
sie doppelt soviel Schwefel enthielten wie zuvor ihre Samenkörner.
Ähnliche Versuche unternahm im 19. Jahrhundert Baron Albrecht
von Herzeele, der den Beweis erbrachte, daß lebende Pflanzen dem
Boden und der Luft nicht nur Stoffe entziehen, sondern auch in der
Lage sind, darüber hinaus ständig neue Stoffe selbst zu schaffen. Er
zeigte, daß in Samen, die in destilliertem Wasser keimen, der ur-
sprüngliche Gehalt an Kalium, Phosphor, Magnesium, Kalzium und
Schwefel auf unerklärliche Weise anstieg, obwohl nichts davon in
dem destillierten Wasser als der einzigen Nahrungsquelle der Samen
vorhanden gewesen sein konnte (Albrecht von Herzeele,»Der Ursprung anorganischer Substanzen«, o. O. 1873).

Von Wissenschaftlern unserer Zeit wurden diese Experimente
nachvollzogen und bestätigt und es ist bewiesen, daß Pflanzen – ent-
gegen des physikalischen Gesetzes, daß aus destilliertem Wasser ge-
zogene Pflanzen nicht mehr Inhaltsstoffe haben können als ihre Samen – Elemente neu schaffen und umwandeln können; ja aus
Elementen mit niedrigem Atomgewicht solche mit höherem Atomgewicht machen können. Sie beherrschen also das, was die Alchimi-
sten des Mittelalters nur zu gern gekonnt hätten, um aus Blei Gold
zu machen! Diese Erkenntnis war eine wissenschaftliche Revolution.

Auch in der Fauna kann das Phänomen der Umwandlung von Elementen, von niedrigerwertigen in höherwertige atomare Verbindun-

gen, beobachtet werden. Zum Beispiel sind Hühner in der Lage, mehr Kalzium auszuscheiden, als sie aufgenommen haben. Man hat herausgefunden, daß Hühner, deren Nahrung zuwenig Kalzium enthält, Sand fressen, der eine Siliziumverbindung ist. Und daraus entsteht im Hühnerkörper Kalk (Si = Atomgewicht 12 + Sauerstoff = Atomgewicht 8 ergibt Kalzium = Atomgewicht 20). Daher können Hühner, deren Nahrung Kalkmangel aufweist, dennoch feste Eierschalen herstellen, sofern sie Silizium erhalten.

Beim Menschen geht dieser Prozeß zur Erhaltung der Lebensfunktionen noch weiter: Er kann sogar Materie bilden. Man hat bei fortgeschrittenen Alkoholikern, also bei Suchtkranken, die keinerlei vitaminhaltige Substanzen zu sich genommen haben, dennoch die zur Erhaltung des Lebens notwendigen Vitamine gefunden. Das kann nur bedeuten, daß der Organismus bzw. die Seele unter allergrößter Anstrengung in der Sucht die benötigten Vitamine selbst gebildet hat. Dies geschieht in dem höheren Schwingungsbereich des Modellabschnitts *Körper – Materie*, nämlich nahe dem Übergang *Psyche – Seele*. Ein Bereich, in dem auch geistige Operationen stattfinden können.

Immer wieder gibt es medial begabte Menschen, die Materie entmaterialisieren und materialisieren können. Eine Zwischenstufe hierbei ist die Fähigkeit von Uri Geller, Metalle erweichen zu können.

Unser größtes Hindernis ist der Verstand, der die Welt in polare Gegensätze aufteilt. »Alles ist polar« besagt das erste harmonikale Gesetz. Die größte Polarität ist die Einheit Gottes und die Vielfalt seiner Schöpfung. Wir verstehen die Polarität, indem wir durch ständiges *Unterscheiden* unsere Erfahrungen machen. Darin besteht unser mühsamer Lernprozeß. Wir müssen also zum Beispiel lernen, daß es Gut *und* Böse gibt und daß es nur deshalb das Gute gibt, weil es auch das Böse gibt.

Alle Heilslehren besagen, daß der Mensch die Polarität überwinden muß, um zur Einheit zu gelangen. Das menschliche Ego macht es uns aber fast unmöglich, sich die Einheit vorzustellen oder sie gar zu leben; wir können sie allenfalls verstehen. Um bei dem Beispiel Gut – Böse zu bleiben: Solange unser Verstand nur das Gute akzeptiert und (logischerweise) das Böse ablehnt – oder umgekehrt –, so lange sind wir noch der Polarität verhaftet. Wir können die Einheit aber verstehen, wenn wir akzeptieren, daß Gut und Böse keine Gegensätze, sondern nur zwei Seiten derselben Medaille sind. Es ist von zentraler Bedeutung für uns, die Polarität als Lernprozeß zu behandeln. Denn auch die Geistheilung ist aus dem Blickwinkel der Einheit heraus zu verstehen: Krankheit ist Einseitigkeit in der Polarität, Heilung ist Überwindung von Polarität. Auch in der chinesischen Medizin wurde seit alters her die Polarität durch die beiden Lebenskraft-Komponenten *Yin* und *Yang* ausgedrückt und Krankheit als Ungleichgewicht, als Disharmonie verstanden zwischen Überfunktion *(Yang)* und Unterfunktion *(Yin)*.

Viele Krankheitsbegriffe der Medizin drücken die Polarität von Erkrankungen aus, zum Beispiel einerseits die Entzündung der Leber (Hepatitis) und andererseits der degenerative Funktionsprozeß dieses Organs (Leberzirrhose). Desgleichen bei Arthritis – Arthrose. Inzwischen wurde aber eine Vielzahl weiterer Krankheitsbegriffe eingeführt. Es könnte sein, daß dieses Verlassen der polaren Gegensätze mitverantwortlich ist für die Flucht der Heilberufe in die Apparatemedizin.

Wir dürfen aber die Naturwissenschaften, die so vieles über die Naturgesetze herausgefunden haben, nicht verlassen oder vernachlässigen. Sie sind auch in der Geistheilung die wichtigste Grundlage. Wir sollten daher *mit beiden Beinen auf dem Boden bleiben* und nicht die Realität vernachlässigen. Bei unserer ständigen Suche nach der *Wahrheit* sollte uns klar sein, daß wir mit unserem begrenzten, egozentrierten Verstand die Wahrheit nur schwer finden oder verstehen können.

Aber wir stehen vertikal aufgerichtet zwischen Himmel und Erde (Tiere leben in der Horizontalen) und haben die »Antennen«, zum Beispiel die Intuition, erhalten, um vielleicht eine Erfahrung des Göttlichen zu machen. Uns wurde der Körper gegeben, und er wurde beseelt, damit wir uns in die geistige Welt emporschwingen können.

Schließlich sei noch erläutert, daß ganz am Ende des Schwingungsmodells, also ganz links von dem schmalen Existenzbereich des Menschen (siehe S. 30) alle übrige nichtmenschliche belebte und unbelebte Materie(bis hin zur endlichen Schwingung, dem Gegenpol zur *unendlich* schnellen Schwingung) einzuordnen ist, die das mit unseren Sinnen erfaßbare große Universum erfüllt, das doch so unendlich klein ist im gesamten Schöpfungsgeschehen.

Soviel zu dem Schwingungsmodell des Lebens, das Horst Krohne von der geistigen Welt übermittelt wurde und dessen Aufbau auch der Radionik zugrunde liegt, einem seit den zwanziger Jahren entwickelten Ferndiagnose- und -heilsystem, das mit dem biologischen Energiefeld des Menschen arbeitet. Ähnliche Denkansätze gab und gibt es schon immer überall auf der Welt. Nur im Westen waren sie lange Zeit von dem Newtonschen Weltbild verdrängt und werden in unserer Zeit neu bzw. wieder entdeckt.

2. Das Heilungsmodell

Außer dem Schwingungsmodell wurde in der Schulung durch die geistige Welt ein zweites Modell in der Art eines Zeichentrickfilms vermittelt, das mit dem ersten in enger Verbindung steht, sich aus diesem ergibt, und für uns sehr wichtig ist: das Heilungsmodell. Dies ist ein Modell, das in vereinfachter, abstrahierter Form erläutert, wie Heilung funktioniert.

Es wurde bereits erwähnt, daß durch physikalische Phänomene wie Resonanz und Inversion Schwingungen und damit auch Botschaften des Geistes auf ihrem Weg von der unendlich schnellen Schwingung bis zur Materie beeinflußt und verzerrt werden können. Durch den Selbstregulierungsprozeß des Lebens – nach dem Grundsatz, daß der Geist auf seinem Weg in die Materie jede Information begierig aufnimmt, die zur Selbstregulierung führt – werden sie korrigiert, damit die Botschaft des Geistes auf jeden Fall richtig zu uns gelangt.

Dieser Selbstregulierungsprozeß ist die Heilung, die Verzerrung der Lebensschwingung ist Erkrankung. Der Verdeutlichung dieses Vorgangs ist das Heilungsmodell gewidmet. Der Geist kann sich also als Träger des Lebens und der Information selbst regulieren. Diesen Selbstregulierungsprozeß gibt es zwar nicht auf der Rückkoppelungsebene (siehe Schwingungsmodell), da aber jede Funktionsstörung ebenso wie jede Schwingung oder Information wieder im

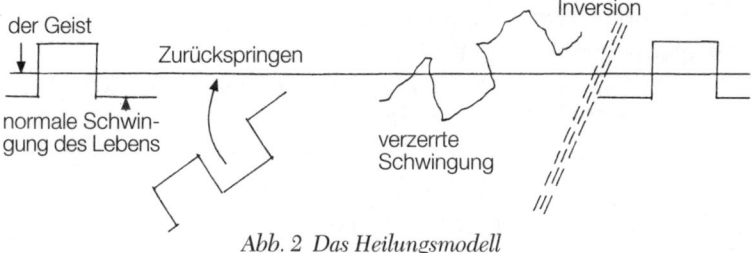

der Geist

Zurückspringen

Inversion

normale Schwin-
gung des Lebens

verzerrte
Schwingung

Abb. 2 Das Heilungsmodell

Geiste ankommt, kann dieser spätestens dann oben, am Ende des Rückkoppelungsprozesses, regulierend eingreifen.

Im Modell (Abb. 2) ist der Geist als Trägerwille mit einer geraden Linie dargestellt. Er trägt eine Lebensschwingung, deren mäanderförmige Gestalt eine bestimmte Information darstellt. Nun kommt eine Stelle, an der die Information durch Inversion oder Resonanz beeinflußt, verändert wird. Dadurch entsteht dort, wohin der Geist zielt, eine Verzerrung, vielleicht sogar Chaos. Um diese Chaos zu verhindern, tritt der Selbstregulierungsprozeß ein: Wenn eine verzerrte Information auf eine Welle stößt oder sie kreuzt, die die gleiche Information besitzt wie sie ursprünglich, klinkt sie sich in diese ein, springt wieder zurück in die Ebene des Geistes, und die wieder intakte Information kann erneut fließen.

Unsere Selbstheilungskräfte (nämlich der Selbstregulierungsprozeß durch Zurückspringen einer entgleisten, verzerrten Lebensschwingung in ihre Normallage) sind aber nicht auf der Rückkoppelungsebene aktiv. Sie wirken nur auf dem Weg von *oben* nach *unten*, nicht umgekehrt. Im Bereich der Rückverbindung kann Heilung also nicht mehr über Selbstheilung, sondern nur über *Erkenntnis* geschehen. Das bedeutet, daß unser Bewußtsein den Verursacher eines krankmachenden Einflusses erkennen muß. Dann greift wieder der Geist in seiner gebenden Art heilend ein.

Man könnte hier aufgrund des beschriebenen Modells von einer *neuen geistigen* Homöopathie sprechen: Ob mit Bach-Blüten oder mit homöopathischen Mitteln, ob mit Musik oder Farben behandelt wird, in jedem Fall wird die enthaltene Schwingungsinformation vom Geist empfangen. Ist die richtige Schwingungsinformation vorhanden, dann nimmt der Geist diese begierig auf und setzt sie dort hin, wo vorher Informationslücken oder Verzerrungen waren. Und so beginnt die Selbstregulierung. Damit ist die eine der beiden wichtigen Grundfragen (siehe S. 20) beantwortet. Erinnern wir uns, daß die geistige Welt in der Schulung versprach, die beiden Fragen »Wie funktionieren Homöopathie und Akupunktur?« zu beantworten. Nun zur weiten Frage.

Akupunktur in ihren verschiedenen Formen (Nadel-, Elektro-, Laserakupunktur, Akupressur u. a.) kann als energetische Frequenzinformation im Meridiansystem verstanden werden. Alle Akupunkturarten erzeugen Informationsschwingungen, die wie oben gezeigt vom Geist regulierend genutzt werden können.

II
Vom Leben im großen ganzen zum Leben im einzelnen

Es wurde bereits erläutert (siehe S. 28), daß die Chakren die Einfallstore des Geistes sind, in denen die Seele wohnt. Die Seele wandelt die einfallende Kraft in elektrische und magnetische Energie um. Bisher ist bekannt, daß das Leben aus Energieströmen bzw. aus elektrischen und magnetischen Regelkreisen besteht. Was bedeutet dies im physikalischen Zusammenhang?

Elektrizität und Magnetismus treten niemals allein auf, sie versuchen vielmehr, sich auszugleichen. Diese Verbindung von Elektrizität und Magnetismus ist ein Naturgesetz. Jeder fließende elektrische Strom erzeugt im Raum um sich ein Magnetfeld. Umgekehrt verursacht ein pulsierendes Magnetfeld das Fließen eines elektrischen Stroms in einem in dem Feld befindlichen Leiter. Denn da Elektrizität materiebezogen ist, benötigt sie einen Leiter.

Das heißt auf den menschlichen Organismus bezogen folgendes: Wir haben ein elektrisches und ein magnetisches System: das zentrale Nervensystem und das Akupunktursystem. Das Nervensystem ist an den Körper gebunden und ist ein geschlossenes System. Das magnetische System mit seinen Meridianen (Akupunktursystem) ist nicht an den Körper gebunden und geht eine ständige Wechselwirkung mit dem Nervensystem und der Umweltenergie (das sind kosmische Energien, Erdmagnetismus, Luftelektrizität und andere elektromagnetische Felder bis hin zum Elektrosmog) ein. Gleichzeitig steht es in enger Verbindung mit psychisch-seelischen Kräften und ist somit ein offenes System. Außerdem ist es die Grundlage der außersinnlichen Wahrnehmungen.

Alle in lebenden Organismen fließenden elektrischen Ströme erzeugen Magnetfelder, die sich außerhalb des Organismus fortpflanzen und wiederum von äußeren Magnetfeldern beeinflußt werden und umgekehrt: Wir leben in einem Meer von Energie.

Erst seit etwa 1970 ist bekannt, daß die vom Gehirn ausgehenden Magnetfelder meßbar sind und die Geschehnisse im Gehirn widerspiegeln. Früher hatte man angenommen, daß diese Energien derart minimal seien, daß sie weder meßbar wären noch irgendwelche Einflüsse hätten. Der amerikanische Mediziner Robert O. Becker hatte schon in den sechziger Jahren festgestellt, daß die wechselseitige Beeinflussung von elektromagnetischen Feldern innerhalb und außerhalb der Organismen viel größer ist als angenommen. Damit war auch die Auffassung einiger Biologen überholt, nach der biologische Zyklen keine Verbindung mit dem Magnetfeld der Erde haben: Das Gegenteil ist inzwischen bewiesen.

Das Magnetfeld der Erde hat nur eine durchschnittliche Stärke von 0,5 Gauß und schwankt täglich um weniger als 0,1 Gauß bzw. 20 Prozent. Der Dauermagnet einer Kühlschranktür hat bereits eine Stärke von 200 Gauß! Nach über zwanzigjähriger Forschung ist inzwischen bekannt und unumstritten, daß Lebewesen die Fähigkeit haben, derart schwache Magnetfelder wie das der Erde wahrzunehmen und ihnen lebenswichtige Informationen zu entnehmen. Das schaffen sie mit Hilfe von zwei besonderen anatomischen Strukturen, die in Verbindung mit dem Gehirn stehen.

Man entdeckte bei in seichtem Wasser lebenden Bakterien, daß sie winzige körpereigene Magnetkristallketten des Minerals Magnetit besitzen, mit denen sie sich in Nordrichtung drehen und damit im Wasser orientieren können. Außerdem entdeckten amerikanische Forscher, daß eines der verschiedenen Navigationssysteme der Taube sowie die beiden voneinander getrennten Navigationssysteme des Salamanders mit Hilfe des Magnetfeldes der Erde funktionieren.

Aus diesen und weiteren Forschungen ergibt sich, daß die meisten Tiere wie auch der Mensch wahrscheinlich ein mit Magnetit arbeitendes »magnetisches Organ« haben, das in enger Verbindung mit dem Gehirn steht. Es wurde nachgewiesen, daß es sich um ein Sinnesorgan handeln muß, das den Organismus mit Hilfe von Magnetkristallen, die sich nach Norden ausrichten können, über das Magnetfeld der Erde informiert und das direkt vor der Hypophyse liegt (Robert O. Becker, S. 106 ff.).

Ein weiteres Organ mit Magnetsinn ist die zapfenförmige, mitten im Kopf liegende Zirbeldrüse, deren große Bedeutung als Hauptdrüse des Körpers erst in den letzten Jahren entdeckt wurde. Sie produziert eine große Anzahl aktiver chemischer Substanzen, unter anderem wichtige Nervenhormone, die das Aktivitätsniveau des Gehirns steuern. Beispielsweise hängt der Schlaf-Wach-Rhythmus von Hormonausschüttungen der Zirbeldrüse ab. Inzwischen ist auch bekannt, daß die Zirbeldrüse mit ihren wichtigen Funktionen auf Störungen der Lichtverhältnisse im Tag- und Nachtwechsel und des gleichzeitigen Ansteigens und Absinkens der Stärke des Magnetfeldes der Erde ebenfalls unnormal reagiert.

Soweit zu den biologischen und elektromagnetischen Voraussetzungen, die sich aus der Bioenergieforschung ergaben, aus der sich dann die Energiemedizin entwickelte.

Das Leben nutzt die magnetischen Felder, um die elektrischen Felder zu steuern. Dabei nehmen wir den Erdmagnetismus auf und passen uns dem Erdmagnetfeld an, das sein Maximum bei zehn Hertz hat. So hat unser Gehirnwellenmuster bei zehn Hertz eine Wirkung, die zwischen Schlafen und Wachen liegt. Auch andere Funktionen laufen synchron mit erdmagnetischen und geoenergetischen Energien ab. Bei abnehmenden Frequenzen werden wir müde bis zum Tiefschlaf, und bei höheren Frequenzen nimmt unsere Wachheit zu; bei vierzehn Hertz sind wir wach im Tagesbewußtsein. Bei Erregung kann diese Frequenz weiter ansteigen.

Eine nächste wichtige Frage ist die nach der Herkunft der elektromagnetischen Energie. Zu deren Klärung hat entscheidend das Forschungsinstitut von Hiroshi Motoyama in Tokio beigetragen, das sich – etwa zur gleichen Zeit, als Robert O. Becker in New York den Einfluß von elektrischen Strömen und elektromagnetischen Feldern auf den menschlichen Körper untersuchte – mit der Erforschung und dem Beweis der Akupunkturlehre befaßte, wobei man unvermutet auf etwas Neues stieß. Daraus ergibt sich in Horst Krohnes Lehrprogramm das nachfolgend geschilderte Energiemodell.

Danach verbraucht der Mensch mit physischer Leistung über Wärme und andere Energieabstrahlungen circa 1000 Watt Energie pro Stunde, von denen er rund 300 Watt in sich selbst produziert. Es handelt sich um elektrische Energie, die das Nervensystem benötigt. Weitere 300 Watt fließen als magnetische Energie über die Akupunkturbahnen ein und aus – aber wo im Körper entstehen die restlichen 400 Watt? Die Haut ist ein guter Isolator und läßt nichts hindurch, also kann die Energie nicht von außen eindringen. Das waren Rätsel, die bis dahin weder Biologen noch Physiker lösen konnten. Hierüber brachten erst neue Interpretationen bekannter physikalischer Gesetze Klarheit und Aufschluß.

1. Im Darm wird *minuspolige Chemoelektrizität* freigesetzt, und zwar in zwei Dritteln des aufsteigenden und querliegenden Dick- und im größten Teil des Dünndarms. Hierbei spielt die Darmflora eine wichtige Rolle. Für diesen Prozeß wird lebendige, pflanzliche Kost benötigt, wie sie – im Gegensatz zu tierischer Nahrung – viel gebundene Energie aus der Photosynthese enthält. Anders als das Tier kann die Pflanze also Biomasse, organische Stoffe, ohne Zufuhr von festen Stoffen bilden. Sie nimmt dazu auch elektrische und magnetische Ionen aus der Luft als Bindekräfte auf. Zum Beispiel existieren auf Madagaskar hochfrequente luftelektrische und -magnetische Felder, die ein besonders gutes Pflanzenwachstum bewirken. Der menschliche Körper benötigt in allen Zellen UV-Licht, mit dessen Hilfe sie kommunizieren. Wenn wir essen, gelangt Lichtenergie auch in unseren Organismus. Sie steuert gemeinsam mit den körpereigenen Informationen die biochemischen Abläufe. Diese Lichtenergie wird zusammen mit elektrischer Energie aus pflanzlicher Ernährung freigesetzt (siehe dazu auch Marco Bischof). Aus tierischer und toter Nahrung entsteht nur sehr wenig Lichtenergie. Je frischer unsere Nahrung ist, desto besser ist dies für die Körperfunktionen (»Der Mensch *ist*, was er *ißt*«).

Die im Dick- und Dünndarm produzierte, minuspolige Chemoelektrizität steht im Wechselspiel mit der elektrischen

2. *pluspoligen Piezoelektriztität*, die hauptsächlich im Brustbereich entsteht und von dem französischen Physiker Pierre Curie schon im Jahre 1883 entdeckt wurde. Der *piezoelektrische Effekt* bedeutet, daß manche Kristalle sich unter mechanischem Druck energetisch aufladen. Diese elektrische Ladung wird beim Entladen an den menschlichen Körper (Nervensystem) abgegeben. Im menschlichen Körper sind es die Salzkristalle, die in großen Men-

gen und in feinster Verteilung als Kolloide in den Körperflüssigkeiten schwimmen und bei Druckunterschieden – etwa durch Herz- und Atmungsbewegungen im Brustraum oder durch Muskeltätigkeit bei Körperbewegungen – Energie erzeugen und abgeben. Übrigens ist der piezoelektrische Effekt auch verantwortlich dafür, daß Knochen nach einem Bruch wieder zusammenwachsen (Robert O. Becker, S. 192 ff.).

Unsere Leistungsfähigkeit hängt also je zur Hälfte von dem Anteil piezoelektrisch erzeugter Körperenergie ab, und zwar je nach der Intensität unserer Bewegungen, besonders der Atmungsorgane, und von der Größe der bei der Verdauung chemoelektrisch entstehenden Energie ab. Die weiteren circa 300 Watt magnetische Energie fließen über unsere Meridiane an Händen und Füßen ein und aus.

Die Kenntnis dieser Zusammenhänge, die die Herkunft der je 300 gleich 600 Watt Körperenergie erklären, ist erst wenige Jahre alt. Die Herkunft der circa 600 Watt Körperenergie war also geklärt. Wo aber entstanden die restlichen 400 Watt?

Der japanische Shintopriester, Arzt und Forscher Motoyama entdeckte mit streng wissenschaftlichen, physiologischen Meßmethoden erst vor einigen Jahren, daß die restliche Energie über die Chakren einfließt. Diese – bisher unbekannte – Energie verteilt sich auf die sieben Chakren und hat eine rechts- und eine linksdrehende Komponente. Nur die durch das Kronenchakra einfließende Energie ist zugleich einpolig und rechtsdrehend, unterscheidet sich also in dieser Beziehung von den übrigen Chakren. Wir definieren diese ständig hier einfließende Energie unbekannter Herkunft als *göttliche Energie*.

Motoyama ist es auch, der einige Jahre zuvor die tatsächliche Existenz der Chakren bewiesen und sie damit aus dem Bereich der Glaubenssätze orientalischer Religionen herausgeführt hatte. Er konstruierte dazu eine *Chakra-Maschine*, eine hochempfindliche Meßapparatur, mit der das Potential des den Körper eines Menschen umgebenden elektrischen Feldes gemessen werden kann. Nach zahlreichen Messungen stellte er fest, daß eine nichtphysische Ursache – nämlich die geistige Konzentration auf ein bestimmtes Chakra – direkte physische Ergebnisse bewirkt, nämlich das Fließen meßbarer Ströme in diesem Chakra. Und der Nachweis dieser Ströme war zugleich der Beweis für das Vorhandensein der Chakren. Damit war auch bewiesen, daß die Chakren als wahre Energiezentren uns pro Stunde circa 400 Watt Informationsenergie geben. Es galt zu begreifen, daß wir ständig aus einer unbekannten Dimension mit Energie »gespeist« werden, und zwar ohne jede Gegenleistung, und daß die Seele ihr Zuhause in den sieben Chakren hat und die geistigen Übersetzungen verkündet. Diese Erkenntnisse haben tiefe Eindrücke bei den Forschern hinterlassen.

B. A. Brennan nennt diese Energie *universales Energiefeld*. Es ist eine unendliche Kraftquelle, aus der ununterbrochen Energie nachfließt – ein in der Physik sonst unbekanntes Phänomen, denn ein physikalisches Gesetz besagt: Die Summe aller Kräfte ist gleich, das heißt aus einem System kann nur soviel Energie hervorgehen, wie zuvor hineingekommen ist. Ein universales ständiges Geben ohne Erwartung einer Gegengabe ist ein wahres göttliches Geschenk, das unsere Lebensgrundlage ist und das keinen Gegenanspruch an uns stellt (siehe Barbara Ann Brennan, »Licht-Arbeit«).

Die Forscher untersuchten, ob diese universale Energie noch weiter zu nutzen ist, und sie fanden heraus, daß die Medialität ein Aufgehen der Chakren mit der Folge einer deutlichen Vermehrung der Chakrenenergie bewirkt. Auch diese Erkenntnis ist den Forschungen und den Meßergebnissen von Motoyama zu verdanken. Aus der Erkenntnis Motoyamas der realen Existenz der Chakren und ihrer meßbaren Energie sowie dem Wissen, daß die Chakren Brücken zwischen den verschiedenen Existenzebenen sind, wurde erklärbar, daß über die Chakren solche Phänomene wie Zeitveränderungen, Ferndiagnosen (Telepathie) oder Reisen über Raum und Zeit hinaus gesteuert werden.

Die Seele wandelt also die in die sieben Chakren einfließende Energie in elektromagnetische Energieströme um. Damit wird im Körper unter anderem die Steuerung psychosomatischer Vorgänge bewirkt, das heißt die Aussteuerung der Wirklichkeit des Lebens zwischen den elektrischen und den magnetischen Feldern. Das Leben funktioniert in allen Bereichen elektrisch und magnetisch. Dem

48

Körper sind die elektrischen Felder zugeordnet. Beide Ebenen – Körper und Seele – stehen aber in ständiger Wechselwirkung miteinander und sind außerdem an höhere Dimensionen, die wir als Geist- und Chakrenenergie deuten, gebunden und ihnen steuernd untergeordnet. Körper, Seele und Geist müssen immer als ein Ganzes gesehen werden, auch wenn sie sich energetisch unterschiedlich ausdrücken und durchdringen.

Ihre Unterschiede liegen hauptsächlich in den energetisch gesteuerten Lebensprozessen. So dient das Nervensystem unter anderem auch dem logischen und analytischen Denken und der Verarbeitung von Sinneseindrücken. Das Akupunktursystem steuert die Gefühle, etwa Einfühlsamkeit oder Zuneigung. Dem übergeordnet sind aus den Chakren kommende geistige Informationsenergien, die hauptsächlich über die endokrinen Drüsen, über die Hormone wirken. Stoffwechselprozesse, Enzyme, die Körpertemperatur, der Säure-Basen-Haushalt, das Immunsystem, Regeneration und Heilung werden ebenfalls von diesen geistigen Energien gesteuert. Alle diese Systeme sind Instrumente des Geistes. Wenn sie im Einklang schwingen, können sich die Eigenschaften entfalten, die wir Gewissen, Weisheit, Friedfertigkeit und Gottvertrauen nennen.

Die Seele transformiert Chakrenenergie, die geistigen Informationen, in alle Lebensfunktionen, wobei elektrische und magnetische Kräfte wirken. Bei dieser Transformation entsteht Lebensenergie. Diese fließt dann in die *Kundalini*, die zentrale Energiebahn der Trinität Körper, Geist und Seele, die auch nach der Yoga-Lehre die grundlegende Lebensenergie beherbergt.

Von oben fließt die einpolige, göttliche universelle Kraft in das Kronenchakra ein und dringt von hier nach unten bis zum Wurzelchakra. Dort vermischt sie sich mit den Kräften der Erde und steigt als bipolare Kraft wieder nach oben. Dieses Aufsteigen geschieht in zwei Hauptenergiebahnen der *Nadis*, die *Ida* und *Pingala* genannt werden. Ihre Bewegung nach oben beschreibt die Form einer Doppelspirale, die auch wie zwei sich um einen Stab nach oben windende Schlangen verstanden wird. Sie kreuzen und verdrehen sich miteinander so vielfältig, daß es aussieht, als ob sie »sich im Tanz vereinen«, wie es die östlichen Lehren ausdrücken. Je kräftiger die Kundalini-Energie ist, um so vitaler ist der Mensch.

Zwischen dem obersten (Kronen-) und dem untersten (Wurzel-) Chakra befinden sich fünf weitere Chakren. Auch in diesen fließt die Energie von vorne und von hinten ein (siehe Abb. 3). In diesem Zusammenhang muß erwähnt werden, daß es andere Lehrkonzepte bzw. Modelle gibt, die von einer wesentlich größeren Anzahl von Haupt- und außerdem von vielen Nebenchakren ausgehen, denen auch andere oder zumindest modifizierte Eigenschaften und Funktionen zugeordnet werden. Im Yoga werden die Chakren von unten nach oben aktiviert. Der Weg zur Öffnung, zur Aktivierung der Chakren verläuft über die verschiedenen Formen der Bewußtseinserweiterung.

In den folgenden zwei Abbildungen werden die Chakren, die Kundalini und die beiden Teile der Nadis Ida und Pingala schematisch dargestellt. Hier symbolisiert die senkrechte Linie die am Rückgrat verlaufende Kundalini; sie ist die uns leitende Kraft Gottes, das Eine, der polare Gegensatz zu den sich aufschwingenden Zwei, dem Paar Ida und Pingala, die mit allen Chakren verbunden sind.

Jedem Chakra sind gewisse Eigenschaften, Funktionen und Weisheiten zugeordnet. Alle Chakren haben bestimmte eigendynamische Schwingungen, die ihre Drehrichtung von Chakra zu Chakra verändern. (Diese Polarisation geht aus der Übersicht auf S. 53 hervor.)

Wie schon gesagt dreht sich das siebte Chakra, das Kronenchakra, nur rechts herum. Die Polarisation der übrigen Chakren wechselt also untereinander und sich ergänzend an der vorderen und hinteren Körperseite.

Wie wichtig ein ungehinderter Energiezufluß ist, erkennt man schon daran, daß beim Absinken der Energie unter 50 Prozent in einem Chakra der Mensch schwach und bettlägerig wird. Geschieht dies beim Stirnchakra, so schaltet der Körper alle nicht unmittelbar zur Lebenserhaltung notwendigen Sinne ab, um sich vollkommen auf die Erhaltung der Herzfunktion konzentrieren zu können: Der Mensch wird in diesem Fall ohnmächtig.

Was können wir zum ungehinderten Energiezufluß in den Chakren selbst beitragen? Wir müssen auf allen Ebenen offener, entspannter und vertrauensvoller werden, müssen die Weisheiten der Chakren kennenlernen, um selbst Schritt für Schritt weiser zu werden. Es lassen sich jedoch nur die Aktivitäten der sechs unteren Cha-

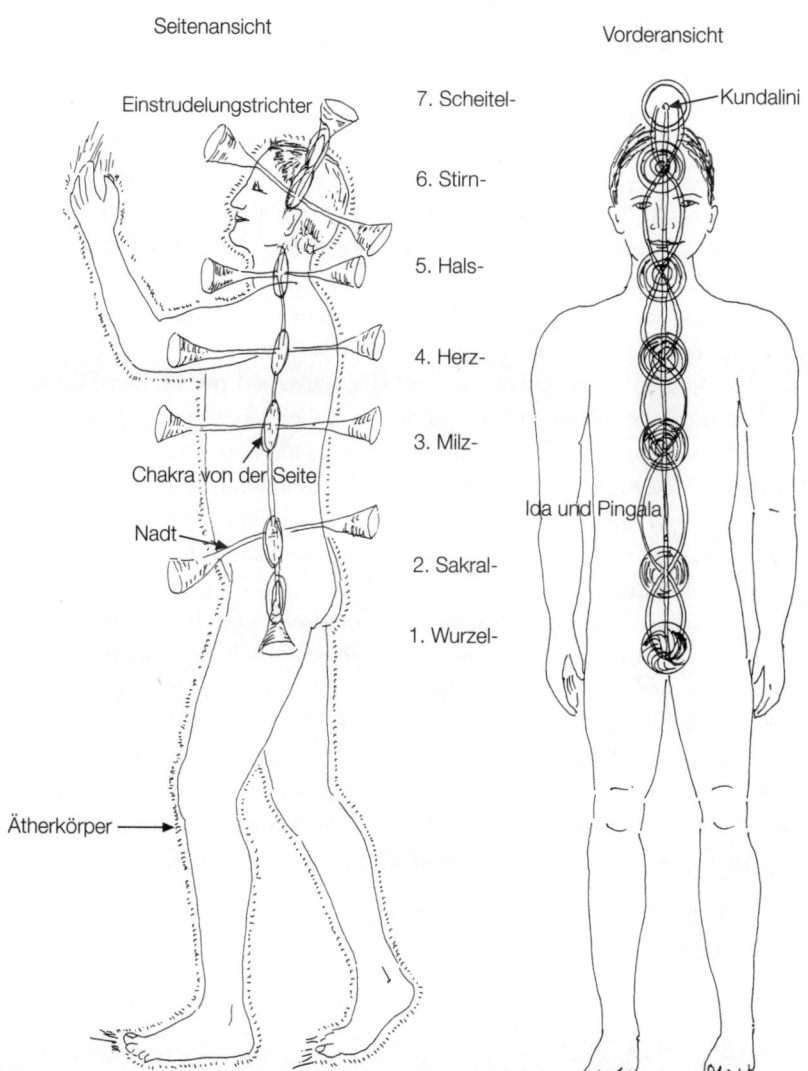

Chakra

Seitenansicht

Vorderansicht

Einstrudelungstrichter

7. Scheitel-

6. Stirn-

5. Hals-

4. Herz-

3. Milz-

Chakra von der Seite

Nadt

2. Sakral-

1. Wurzel-

Kundalini

Ida und Pingala

Ätherkörper

Abb. 3   Die Chakren und ihre Lage
(linkes Bild nach B. A. Brennan)

kren beeinflussen. Das siebte Chakra enthält den göttlichen Willen, an dem wir nichts direkt ändern können.

Die Chakren sind untereinander durch die *Nadis* verbunden, die die Chakrenenergie in die verschiedenen Körperteile transportieren. Bei Ausfällen oder Fehlfunktionen der Nadis ergeben sich überzeichnete Persönlichkeitsmerkmale. Die vielfältigen Verbindungen der Chakren untereinander sind schwer zu erfassen, dies gelingt nur chakrensichtigen Menschen. Im Fortgeschrittenenseminar wird dazu eine Methode gelehrt, deren Anwendung aber viel Übung voraussetzt.

Es folgt ein tabellarischer Überblick über die wichtigsten Eigenschaften und Steuerungsmerkmale der Chakren.

Die Chakren sind prinzipiell auf der normalen physischen Wahrnehmungsebene unsichtbar. Sie können aber einem Chakrensichtigen in bestimmten Formen und Farben erscheinen. Dazu gehört ein gewisses Training und eine ausgeprägte Imaginationskraft, um Erscheinungen auf den verschiedenen Ebenen zusammenführen und visualisieren zu können. Dann stehen Farben und/oder Formen für Eigenschaften.

In der Meditation, wenn eine Verbindung zwischen Bewußtem und Unbewußtem entsteht und wenn der Wunsch »ich möchte Farben sehen« drängend wird, kann mitunter auch der noch nicht Chakrensichtige die Chakren als farbige Gebilde erfahren.

Aus den vielfältigen Informationen Chakrensichtiger hat man sich darauf geeinigt, den Chakren folgende Farben zuzuordnen (manchen Menschen erscheinen nicht die Chakren selbst, aber ihre Einfallstrichter), die etwa den Regenbogenfarben entsprechen:

7. Scheitelchakra	verschiedenfarbiges Funkelfeuer
6. Stirnchakra	Violett
5. Halschakra	Blau
4. Herzchakra	Hellgrün, im Idealfall mit Rosa vermischt
3. Milzchakra	Gelb
2. Sakralchakra	Orange
1. Wurzelchakra	Rot

Die Chakren werden auch in unterschiedlichen Formen gesehen, am häufigsten in Form von runden, rotierenden Scheiben oder

	Chakra	Polarisation	Steuerung
Die drei oberen Chakren steuern psychische Zusammenhänge. Hier steigen wir auf zu hohen menschlichen Fähigkeiten. Hier sind Ausgleich, Einsicht, kollektives Bewußtsein, Gottvertrauen usw. angesiedelt.	7. Scheitel	+	Heilung, Regeneration, genetisches Erbe, Allbewußtsein, Gewahrsein, Erleuchtung, Ausscheiden aus dem Reinkarnationsprozeß
	6. Stirn	vorn – hinten +	Denken, kollektives Bewußtsein, zentrales Nervensystem, 5 Sinne, Hormone der Hypophyse, des Hypothalamus und der Zirbeldrüse
	5. Hals	vorn – + hinten + –	Gerechtigkeit, alle Meridiane, Aggression und Depression, Kreativität auf psychischer Ebene, Hormone der Schilddrüse, Arme (begreifen die Welt)
Das Herzchakra steht in der Mitte. Mit ihm können heilende Kräfte auf andere übertragen werden.	4. Herz	vorn + hinten –	Gebende Kraft auf der physischen Ebene, Herz, Blutstrom, Kreislauf, Atemrhythmus, Immunsystem, Thymusdrüse, Erhaltung des Lebens auf der physischen Ebene
Die drei unteren Chakren steuern alle Zusammenhänge auf der körperlichen Ebene.	3. Milz	vorn – hinten +	Magen, Darm, Leber, Galle, Milz, Hormone der Bauchspeicheldrüse, Eindrücke verdauen, Konflikte auflösen
	2. Sakral	vorn – + hinten + –	Rechtschaffenheit, Unterscheidung, Kreativität auf der physischen Ebene, Beine (Verstehen der Welt), Säure-Basen-Gleichgewicht, Ballast abwerfen, steuernder Impuls für die Ausscheidungen, Aufstieg zum höheren Sein, Hormone der Nebennieren
	1. Wurzel	versch. Schwingungsmuster – + – + – + – + –	Äußere Fortpflanzungsorgane, Balance, Bewegung, Durchhaltevermögen, Erdgebundensein, Lebenswille. Viel +: aktiv durchs Leben gehen, viel –: passiv sein.

geöffneten Blumenblüten mit je nach Chakra unterschiedlich vielen Blütenblättern. Die Chakren sind eingebettet in einen *inneren* Energiekörper, den wir Ätherkörper nennen und der aus unserem materiellen Körper etwas heraustritt.

Die von uns selbst erzeugte elektrische Energie, die in Wechselwirkung mit der magnetischen Energie der Meridiane steht, bildet den *Ätherkörper*, ein Energiefeld, das sich teils innerhalb und teils außerhalb des Körpers befindet und diesen als elektrische Energie in ein bis zwei Millimeter Stärke umgibt. Außerdem besteht der Ätherkörper aus feinen magnetischen Abstrahlungen, auch Lumineszenzen genannt, die sich wie kleine Strahlen und Flämmchen in zwei bis drei Zentimeter Entfernung um unseren Körper zeigen. Die japanischen Forscher um Motoyama konnten fotografisch nachweisen, daß Körperteile in ihrer feinstofflichen Existenz länger bestehen als in ihrer materiellen grobstofflichen Existenz. Das gelang ihnen bei der Erforschung des sogenannten Phantomschmerzes. Sie stellten nämlich mit ihren Fotos fest, daß die feinstoffliche Abstrahlung eines Beines noch nach dessen Amputation existent war. Damit war bewiesen, daß der Energiekörper langlebiger ist als der materielle Körper.

Ein weiteres, uns aber vollständig außerhalb des Körpers umgebendes Energiefeld ist die *Aura*. Sie besteht aus der Abstrahlung des Ätherkörpers. Dabei bildet sich ein elektrostatisches Feld, dessen Nordpol sich am Kopf, der Südpol an den Füßen befindet. Der Ätherkörper sowie die schalenförmig aufgebaute Aura, die auch ein elektrostatisches oder Biofeld ist, werden vom Geist über die Chakren in den Funktionen gesteuert. Ist ein Chakra schwach, so ist dies in der Aura sichtbar.

Die Aura wird vom Körper aus dessen verbrauchter Energie, der Abstrahlung des Ätherkörpers, aufgebaut und bildet einen feinstofflichen Körper, der unseren grobstofflichen, materiellen Körper bis zu einer Entfernung von ca. 60 bis 90 Zentimeter in schalenförmigen Schichten umgibt und schützt. Auch im alltäglichen Sprachgebrauch benutzen wir das Wort Aura, wenn wir zum Beispiel sagen»es umgibt ihn oder sie eine Aura von Würde (Demut, Hochmut, Liebe usw.)« und wir meinen damit eine Haltung, Wirkung oder Ausstrahlung einer Person, die nicht materiell, sondern nur emotional greifbar ist.

54

Die erste, körpernächste Schicht der schalenförmigen Aura ist der Ätherkörper, dessen Abstrahlung zum Beispiel mit der Kirlian-Fotografie sichtbar gemacht werden kann. Im übrigen werden vier weitere Schichten der Aura angenommen, von denen aber nach einiger Übung von sensitiven Menschen nur die äußere Abgrenzung wahrgenommen werden kann. Die übrigen Schichten sind nur noch individuell beziehungsweise medial erfaßbar. Die äußere Schicht der Aura hat die Form eines auf der Spitze stehenden Eis. Oben an der stärksten Rundung liegt die Öffnung des Kronenchakras und das größte Licht. Es entspricht dem Polarlicht über der Erde.

Wir erwähnten bereits, daß der Nord-(Plus-)Pol der Aura sich am Kopf befindet, der Süd-(Minus-)Pol unten an den Füßen. Der Wechsel von Plus- zu Minusenergie findet genau in der Körpermitte statt, im Bereich von Milz, Bauchspeicheldrüse, Magen und Leber, in unserem »Äquator«, dessen Lage waagerecht und ausgewogen sein sollte. Das Leben schützt uns mit der Aura wie mit einem Schutzschild.

Psychische Energien – das sind unsere Gefühle, Emotionen – entstehen in uns und verpuffen nach außen, wobei sie die Aura durchdringen und färben. Dies ist zwar noch nicht meßbar, kann aber von sensitiven Menschen wahrgenommen werden. Im übrigen gelang es zum ersten Mal den Forschern um Motoyama, die Aura zu fotografieren und damit ihre tatsächliche Existenz zu beweisen.

Im schalenförmigen Aufbau der Aura zeigt sich die Gesamtinformation unseres jeweiligen Zustandes; sie ist ein Biofeld, in dem abgelesen werden kann, welche Verhältnisse im Körper herrschen.

In der Bioenergieforschung macht man sich dies zum Teil bereits mit Meßgeräten zunutze, mit denen zum Beispiel die unterschiedlichen Schwingungen einer gesunden oder kranken Leber gemessen werden können.

Die Aura hat auch bestimmte direkt erfahrbare Auswirkungen, auf die wir hier noch kurz eingehen wollen. Die Aura ist für elektrisch aufgeladene, also ionisierte Luft (Spherics) durchlässig; und die Auswirkungen dieses Phänomens nennen wir *Wetterfühligkeit*. Wir unterscheiden zwischen *Warmfront*- und *Kaltfronttypen* (nach Dr. Curry), und diese Typisierung ist abhängig von den Spherics und von der Stärke der Aura, die wie gesagt zwischen 60 und 90 Zentimeter beträgt. Menschen mit einer 90-Zentimeter-Aura reagieren empfindlich auf Plus-Ionen, auf Hochdruck-, auch Fönwetterlagen. Dies sind die Warmfronttypen. Die Auswirkungen sind Konzentrationsschwäche, Schlafstörungen, Kreislaufbeschwerden bis hin zu Depressionen.

Menschen mit einer 60-Zentimeter-Aura reagieren dagegen empfindlich auf Minus-Ionen, auf Kaltfront- oder Tiefdrucklagen: Sie sind Kaltfronttypen und empfänglich für alle Beschwerden aus dem rheumatischen Formenkreis.

Wasseradern sind starke elektromagnetische Felder. Sie können die Aura beeinflussen, was zu deren Dezentrierung führt mit der konkreten Folge, daß der Mensch »außer sich« ist. Den gleichen Effekt kann übermäßiger Genuß von Alkohol haben.

III
Diagnose

1. Grundwissen praktischer Diagnoseverfahren

Bei einer Erkrankung kommt der Mensch selten ohne Therapeuten aus, denn wir können nur vom höheren Bewußtsein korrigiert werden: von einem Lehrer, der es besser weiß als wir, oder von einem Therapeuten, der besser um die Gesundheit Bescheid weiß als der Kranke. Nur *Höheres* kann dem *Niederen* helfen. Und so kann nur derjenige uns helfen, der den Weg schon gegangen ist, der mehr weiß als wir. Wir werden geschult – der ganze Planet Erde ist wie eine Schulklasse, die wir alle durchwandern müssen, um ein höheres geistiges Bewußtsein zu erreichen.

Nun sind wir hier an bestimmte Gesetze gebunden. Diese Gesetze besagen, daß wir uns nur entweder nach rechts oder nach links, nach oben oder nach unten bewegen können, also in polaren Gegensätzen.

Wir leben in einer polaren Welt, denn das physische Universum einschließlich der Energie in ihm ist an die Polarität gebunden. Demnach sind auch die Krankheiten, die der Mensch entwickelt, wie schon erwähnt überwiegend Über- oder Unterfunktionen. Wenn jemand entgleist – gleichgültig ob durch eine falsche Lebensweise, falsche Ernährung oder aufgrund von Glaubenssätzen –, entsteht eine Über- oder Unterfunktion, die er dann als Krankheit lebt. Es sind also diejenigen Krankheiten, die wir selbst aus unserem Bewußtsein durch Verdrängen von Gedanken und Gefühlen ins Unbewußte entwickeln; dazu gehören auch alle psychosomatischen Erkrankungen. Dazu gehören nicht Störungen der psychischen und physischen Funktionen, die sich durch das Erleben im Massenschicksal (Naturkatastrophen, Kriege, Massenunfälle) ohne persönliches Einwirken ergeben. Diese Gruppe gehört eindeutig zu Schicksal und Karma. Zunächst ist es vor jeder Heilung wichtig, den Verursacher der Erkrankung zu finden. Das sollte immer der erste Schritt sein.

.

Welche Krankheitsursachen gibt es?

Wir unterscheiden vier krankmachende Einflußsphären aus dem nahen äußeren Umfeld sowie drei wichtige, von eigenen inneren Zuständen abhängende Einflußsphären, die wir in Frageform formulieren wollen.

Die äußeren sind:

Ernährst du dich richtig?
Bettest du dich richtig?
Hast du Konflikte mit deinen Angehörigen oder mit anderen Menschen?
Hast du Probleme mit deinem Gottvertrauen?

Die inneren Einflußsphären sind:

Hast du Glaubenssätze?
Bist du kreativ?
Erlebst du Freude?

Wir werden uns später (siehe S. 61 ff.) mit diesen Fragen ausführlicher befassen.

Darüber hinaus gibt es umwelt-, kosmisch-, global- sowie klima- und wetterbedingte Einflüsse, die sich zum Beispiel auf den Gemütszustand auswirken. Außerdem gibt es die vom oberflächlichen oder inneren Erdgeschehen ausgehende natürliche Strahlung, die für den Menschen lebensnotwendig, aber auch störend oder krankmachend sein kann. Und es gibt schließlich die technische, künstliche Strahlung, von der extrem langwelligen bis zu der ganz harten mit ultrakurzer Wellenlänge. Sie haben alle mehr oder weniger Einfluß auf den Menschen, wenn er ihnen ausgesetzt ist. Denn, wie wir gesehen haben, ist der Mensch ein offenes System, dessen Körper zu rund 90 Prozent aus einem stromleitenden Medium, nämlich Wasser, besteht und daher wie eine Antenne wirkt, die alle elektromagnetischen Einflüsse aus der Umwelt auf sich zieht. Robert O. Becker hat dies umfassend und grundlegend in seinem Buch »Der Funke des Lebens« dargestellt.

Auf welcher Ebene liegen Störungen vor?

Die Klärung dieser Frage ist entscheidend für die Diagnose und für die geeigneten Therapieformen, denn auch diese sind auf verschiedenen Ebenen angesiedelt.

Betrachten wir noch einmal das Schwingungsmodell (Seite 20). Hier erkennen wir die drei Ebenen, und auf einer oder mehreren wird die Störung oder Krankheit zu finden sein:

auf der körperlichen Ebene,
der psychisch-seelischen oder
auf der geistigen Ebene (Chakren).

Als eine weitere Ebene ist die karmische Bedeutung einer Erkrankung zu unterscheiden.

Auf welcher Ebene sind Heilmittel und Therapieformen angesiedelt?

So wie die Krankheiten auf verschiedenen Ebenen, das heißt Bewußtseinsstufen angeordnet sind, so müssen auch die verschiedenen Heilmethoden und Therapien entsprechend dem Schwingungsmodell unterschieden werden.

Die konventionelle Medizin hat ihren Wirkungsbereich auf der materiellen Ebene, der Ebene des *Körpers*. Hier hat sie eine große Zahl von Prozessen, Funktionen einschließlich deren Entgleisungen bzw. Ungleichgewichten entdeckt und auf chemischer Basis Gegenmittel entwickelt. Die bisher einzige von der konventionellen Medizin akzeptierte Abweichung von der materiellen Ebene und Hinwendung zur energetischen Ebene ist die Homöopathie, das Potenzieren von Heilmitteln. Denn hier werden schon Schwingungen erzeugt, die nach dem Rückkoppelungsgesetz (siehe S. 28, 40) nachvollziehbar sind. Das heißt, der Homöopath spürt mit seinen Potenzierungen – oder Dynamisierungen, wie Rudolf Steiner sagte – der Information, die zum Geist zurückfließt, nach und sucht in höheren Bereichen nach der Störung oder Energieblockade.

In diesem oberen Bereich der materiellen Ebene, nahe dem Übergang zur Ebene *Psyche/Seele*, sind auch Reflexzonenmassage,

Musiktherapie sowie solche Therapien wirksam, die mit der Körpererwärmung arbeiten, wobei ebenfalls Körperschwingungen beeinflußt werden.

Vollständig in den Bereich *Psyche/Seele*, sind psychotherapeutische Behandlungen einzuordnen, oder die Farbtherapie, bei der reine Energie als farbliche Frequenz eingesetzt wird, und die übrigen rein energetischen Behandlungsmethoden, wie zum Beispiel die klassische Akupunktur, die Elektro- oder die Laserakupunktur, die den Körper mit Energien wieder in die richtige Frequenz zu bringen suchen. Auf dieser Ebene können vielleicht noch gewisse Bereiche der Glaubensheilung wirksam sein. Ihre Wirkung liegt darin, dem Menschen Halt zu geben sowie seinen Glauben an eine höhere Ordnung zu stärken, die seine Heilung bewirken kann. Dabei ist hilfreich, daß der Mensch sich für seinen individuellen Weg öffnet, um mit dem in Kontakt zu kommen, was wir *religio* oder Ursprung nennen. Das Schwierige dabei ist, daß der Mensch selbst herausfinden muß, was für ihn gut und richtig ist. Voraussetzungen dazu sind ein fester Glaube an den Erfolg sowie die Freiheit von Zwängen, die seine »Selbstfindung« einengen und verhindern könnten.

Wie wichtig es ist, bei den einzelnen Therapien die Wirkungsebenen zu erkennen und auseinanderzuhalten, zeigt sich etwa daran, daß zum Beispiel seelische Krankheiten nicht mit seelischer Energie behandelt und geheilt werden können, sondern nur mit einer höheren Energie: der des Geistes (siehe Schwingungs- und Heilungsmodell S. 20 und 40).

Wie dies vor sich geht, wird später noch ausführlich erläutert, ist es doch der Hauptinhalt dieser Abhandlung. An dieser Stelle sei nur gesagt: Wir allein können den Geist nicht beeinflussen. Geistheilung geschieht auf unterschiedliche Weise, eine Möglichkeit kann die Hilfe aus der geistigen Welt sein.

Zum Beispiel ist das bloße Handauflegen, also die Arbeit mit Körperenergien, noch keine Geistheilung. Diese dennoch sehr wichtige und schöne Behandlungsmethode, die Jahrtausende alt ist und schon von Hippokrates gepflegt wurde, ist ein wichtiger Bestandteil der Heilmagnetopathie, also dem Heilen mit magnetischen Energien. Damit das Handauflegen zu einer effektiven Therapie der Geistheilung wird, muß etwas Entscheidendes hinzukommen: die Polung der

Hände. Dies werden wir später erläutern und als erste mediale Fähigkeit vorstellen.

Die Krankeitsursachen im einzelnen

Wir können den Verursacher einer Krankheit, und damit auch deren Ebene, auffinden, indem wir zunächst die vier von außen kommenden Einflußsphären (siehe S. 58) abfragen.

1. Ernährst du dich richtig?

Wie schon erwähnt (siehe S. 32 ff.), muß jeder Mensch grundsätzlich die für ihn persönlich richtige Ernährung finden; allgemeine Diätvorschriften, die für alle oder eine größere Anzahl Menschen oder eine bestimmte Gruppe gelten sollen, sind der falsche Weg.

Der Grund dafür ist, daß die psychische (charakterliche) Struktur jedes Menschen ganz individuelle Stoffwechselprozesse benötigt.

Als allgemeine Grundlage kann aber gelten, daß die Nahrungsmittel so natürlich und so schonend wie möglich zubereitet werden sollten.

Der amerikanische Charakterologe Carl E. Wagner jun. hat herausgefunden, daß es etwa 20 verschiedene Menschentypen in Abhängigkeit von der biochemischen Körperkonstitution gibt, und er beschreibt diese in seinem Buch »Jeder ist einmalig« (München 1993). Jahrzehntelange Beobachtungen führten Wagner zu der naturwissenschaftlich begründeten Erkenntnis, daß jeder Mensch eine individuelle Körperchemie besitzt, die unmittelbar auf seine Vitalität und Gefühle, sein soziales Verhalten, seinen Verstand wie auch auf seine Gewohnheiten, Krankheiten und Nahrungsvorlieben einwirkt. Die Bestimmung des biochemischen Konstitutionstyps eines Menschen erfolgt nach Temperament, Größe, Gewicht, Formtyp von Kopf und Körper (siehe Abb. 4), Teint, Gesichtsform und -profil, Linien der Hände usw. Wir wollen hier beispielhaft einige Temperament- und Konstitutions-Typologien herausgreifen, um zu zeigen, worum es dabei konkret geht.

Etwa das *mentale (nervöse) Temperament*. Es bringt die kleinsten Menschen mit zarten Gesichtszügen, Händen, Haar und Haut hervor. Sie sind durch ihre Nervosität zwar aktiv, besitzen aber wenig

Durchhaltevermögen und schöpfen ihre größte Befriedigung aus kulturellen, ästhetischen, spirituellen, philosophischen, literarischen und idealistischen Quellen. Einer der häufigsten Konstitutionstypen dieses Temperaments (zu jedem Temperament gibt es mehrere chemische Konstitutionen, häufig auch als Mischformen) ist die Phosphor-Konstitution. Diese Menschen benötigen also phosphorhaltige Nahrung: Mandeln, Nüsse, Weizenkeime, Getreide, Hülsenfrüchte. Da sie fast immer unter Mineralmangel leiden, sollten sie auch viel frisches Obst, Salate und Gemüse essen.

Das *vitale (wohlgenährte) Temperament* ist durch einen runden Kopf mit Pausbacken und niedriger, breiter Stirn sowie einen fleischigen Körper charakterisiert. Es sind gutmütige, warmherzige, ex-

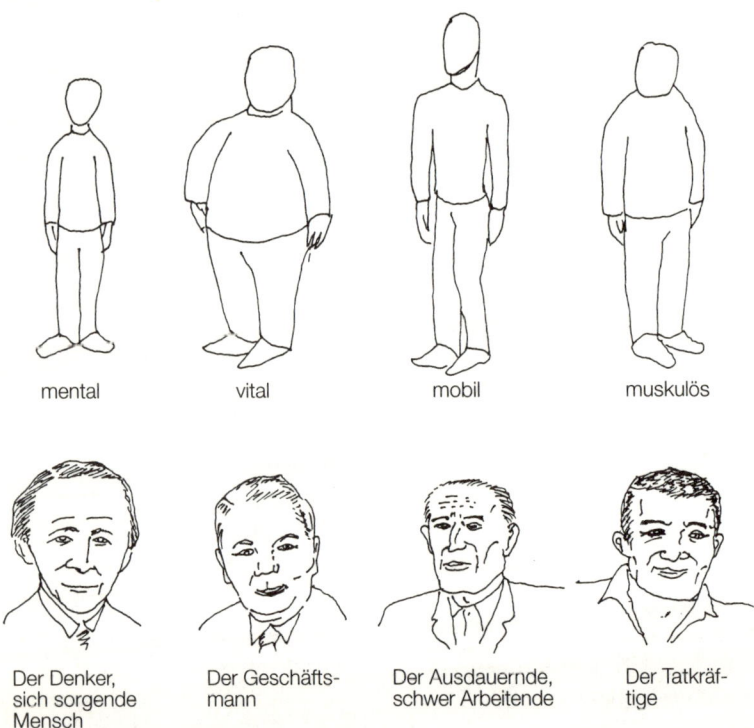

mental   vital   mobil   muskulös

Der Denker,   Der Geschäfts-   Der Ausdauernde,   Der Tatkräf-
sich sorgende   mann   schwer Arbeitende   tige
Mensch

Abb. 4   Die menschlichen Temperamente (nach Carl E. Wagner jun.)

trovertierte und optimistische Menschen, bei ihnen ist zum Beispiel die Kohlenstoff-Konstitution häufig zu finden. Sie ist verantwortlich für eine Vorliebe für Zucker, wodurch aber Kaliummangel entsteht. Diese Menschen sollten daher leere Kohlenhydrate (Weißmehl und Zucker) vermeiden und viel Rohkost essen, Obst jedoch nur im Sommer, da sie leicht frieren und Obst kühlt. Auch warmes Gemüse ist gut für sie, und zur Anregung ihrer Verdauung benötigen sie Gewürze.

Das *mobile (knochige) Temperament* bewirkt ein starkes Knochengerüst. Diese Menschen zeichnen sich durch Aktivität, Arbeitsfähigkeit und Führungqualitäten aus. Ein häufiger Konstitutionstyp, der auch in mehreren Kombinationen vorkommt, ist die Kalzium-Konstitution. Kalzium verleiht Festigkeit, Solidität, Dauerhaftigkeit und Starrheit. Ein Kalzium-Typ bevorzugt Milchprodukte und Getreide, was aber im Laufe der Jahre zu Arteriosklerose, Gicht oder Rheuma führt. Diese Menschen werden im Alter auch gedanklich starr und unbeweglich. Sie benötigen zum Ausgleich eine die Entschlackung fördernde Ernährung mit viel Obst und frischer Rohkost.

Auch die Silizium-Konstitution ist bei diesem Temperament häufig zu finden. Dies sind flinke, energische, optimistische und sehr »luftige« Menschen. Ihr Appetit ist unzuverlässig, die Verdauung schwach und unbeständig. Sie benötigen das, was der Kalzium-Typ zuviel hat: Erdung, Getreideprodukte. Mit Obst und Rohkost sollten sie vorsichtig sein. Der Prototyp eines Silizium-Menschen war Shirley McLaine in ihrer Filmrolle als Irma la Douce. Hier zeigt sich auch, welch unterschiedliche chemische Konstitutionstypen unter demselben Temperament zu finden sind.

Das *muskulöse (sehnige) Temperament* bewirkt eine gut gepolsterte, feste Körperstruktur, die auch drahtig sein kann. Diese Menschen sind aktiv und waghalsig und in ihrer Jugend abenteuerlustig. Bei ihnen tritt die Kalium-, die Natrium- oder die Chlor-Konstitution auf. Der Natrium-Typ beispielsweise kann sehr drahtig, kraftvoll und feurig sein. Es bildet sich kräftiges Gewebe und »Muskeln wie Stahl«. Diese Menschen sind dünn, kompakt, kraftvoll, willensbetont und ausdauernd, aber auch rücksichtslos und destruktiv. Sie bevorzugen gut gewürzte Fleischgerichte, die ihr feuriges Temperament stimulieren. Sie sollten daher auf ausreichend basische Lebensmittel wie frisches Obst, Salate und Gemüse achten. An dieser Stelle soll nur das Thema der Körperchemie angerissen werden, nicht aber das der Psychologie.

Soviel beispielhaft zu den Konstitutionstypen und ihren Nahrungsvorlieben nach Wagner, wobei angesichts der zahlreichen Mischformen – die auch die Bestimmung des eigenen Typs schwierig machen – sehr viel Spielraum für Individualität bleibt (d. h. jeder ist so einmalig, daß eine Einteilung nicht möglich ist).

Es gibt einige Nahrungsmittel, die nicht nur auf der physisch-materiellen Ebene wirken, sondern uns auch, abhängig von der Entwicklungsstufe des einzelnen, auf feineren Ebenen beeinflussen können. Denn je feiner ein Mensch in seinen Schwingungen wird, desto empfindsamer sind seine Reaktionen. Am bekanntesten ist die Wirkung von Alkohol, der fremde und überspitzte Gemütszustände, ja sogar eine Ablösung der Aura vom Körper bewirken kann, womit der Mensch seinen Schutzschild verliert. Dazu später noch mehr.

Etwa Knoblauch: Er wirkt auf der physischen Ebene belebend und antibakteriell, auf höheren Ebenen aber hemmend (orientalische Lehren sagen»du kommst nicht zu Gott«). Knoblauch wirkt auch blutdrucksenkend wie die Grapefruit, die aber für jemanden, der zum Übersäuern neigt, ein zusätzlicher Säureschock sein kann.

Von Natur aus ist den meisten Früchten und Gemüsen, bei denen die Kerne in Gallertmasse eingebettet sind, in dieser Masse natürliches Antibiotikum zur besseren Haltbarkeit beigegeben (auch bei Bienenhonig). Bei solchen Gemüsen wie zum Beispiel Tomaten oder Gurken sollten daher, wenn sie roh gegessen werden, Kerne mit Gallert vorher entfernt werden. Das ist nicht nötig, wenn sie gekocht werden. Honig kann durch Erwärmen bekömmlicher gemacht werden.

Problematisch ist auch Frischkornbrei, weil die Körner von einer hauchdünnen, schützenden Wachsschicht umgeben sind, in der ein natürliches Antibiotikum eingebettet ist, das die Darmflora schwächen kann. Diese Zusätze sind aber von Sorte zu Sorte verschieden. Beispielsweise haben Hafer und Gerste so wenig davon, daß sie unproblematisch sind. Früher aßen die Menschen überwiegend gekochten Brei und gebackenes Fladenbrot; rohes Korn wurde in keiner der älteren Kulturen gegessen.

Als Ernährungsgrundssatz sollte gelten: so schonend wie möglich und so roh wie nötig, außerdem sollte alles typgerecht zubereitet werden. Jede einseitige Ernährung ist falsch. Zum Beispiel wird der Mensch krank, wenn er sechs Tage nur Tomaten zu sich nimmt. Am längsten kann er es mit dem ausschließlichen Verzehr von Bananen aushalten, nämlich 30 bis 32 Tage.

Homöopathische Heilmittel wirken nicht mehr, wenn zuviel Kaffee getrunken oder Rhabarber, Meerrettich oder Pfefferminze gegessen werden. Viele getrocknete Kräuter oder Gewürze (besonders solche aus tropischen Regionen), schwarzer Tee oder tropische Früchte werden im Ursprungsland mit Schimmelverhütungs- oder Haltbarkeitsmitteln versetzt, die für uns schädlich oder sogar gefährlich sein können.

Die industrielle Produktion von Käse hat sich in den letzten Jahren nachteilig für den Verbraucher entwickelt. Man ist von der gesunden Verwendung von Bakterien, die schwer zu steuern war und viel Hygiene notwendig machte, zur einfacheren, aber schädlichen Pilzgärung übergegangen.

Ein weiterer Aspekt betrifft die Backwaren, soweit sie nicht vom Biobäcker stammen. Hier dürfen inzwischen, gesetzlich völlig legal, circa 20 chemische Stoffe hinzugefügt werden, die zum Teil giftig und allergieauslösend wirken und gegen die die früher üblichen Konservierungsstoffe gegen Schimmelbildung noch harmlos waren. Auch Wurstwaren dürfen mit vielen chemischen Mitteln versetzt werden und *geräucherte* Fleisch- und Fischprodukte werden nur noch selten wirklich geräuchert; meist werden sie mit flüssigem Räuchersalz versetzt und in ein Dampfbad getaucht.

Bei all diesen Denaturierungen unserer Nahrungsmittel verwundert es nicht, daß zum Beispiel Allergien sprunghaft zunehmen. Denn eine Allergie ist ein Hinweis darauf, daß das körpereigene Abwehrsystem auf einen feindlichen Stoff überreagiert, der auch aus der Ernährung herrühren kann. Das sind Aggressionen auf der psychischen Ebene (siehe dazu: Dethlefsen/Dahlke, »Krankheit als Weg«, S. 152). Da wir bereits wissen, daß die Psyche den Körper formt und welchen entscheidenden Einfluß die Körperchemie auf den Menschentyp hat, können wir die schädlichen Auswirkungen dieser Zusatzstoffe bereits erahnen.

Aber wie können wir uns davor schützen? Wir können zum Beispiel die für uns geeignete Ernährung mit dem Biotensor, der später ausführlich erläutert wird, herausfinden. Wir sollten unsere Lebensmittel mindestens zehn Tage testen, um schädliche und allergieauslösende Lebensmittel sicher erkennen und aussondern zu können. Eine einfache Tabelle kann helfen, eindeutige Resultate zu erzielen. Sie zeigt in den beiden Koordinaten die Daten des Tests und die getesteten Lebensmittel an. Ein freies Feld bedeutet Zustimmung zu dem getesteten Lebensmittel, ein senkrechter Strich heißt »möglichst nicht essen«, ein X bedeutet »vermeiden«.

	19. 09.	20. 09.	21. 09.	22. 09.	23. 09.	
Eier		|	|			selten
Milch	X	X	X	X	X	vermeiden
Käse						gut
Zucker	X	X	X	X	X	vermeiden
Honig	|	|		|	|	sehr selten
Mehl	|		|			selten
Reis						gut
Gemüse			◂			gut
Obst		|		|		selten

(Testverfahren nach Erich Körbler)

Eine solche Tabelle kann auch für Kosmetika oder Wasch- und Putzmittel angelegt werden.

Dieser Test mit dem Biotensor ist eine sehr gute und vor allem eine ganz persönliche Methode, die richtige Ernährung herauszufinden. Sie muß aber geübt und sollte nicht zu lange durchgeführt werden, um eine Abhängigkeit zu vermeiden. Es ist nicht auszuschließen, daß wir anfangs Fehler machen. In diesem Fall können Blindversuche weiterhelfen, indem wir verschiedene Lebensmittel oder Gewürze in gleich aussehende, unbeschriftete und verschlossene Schachteln legen und diese dann testen.

Beim Test mit dem Biotensor können wir auch unser Säure-Basen-Gleichgewicht feststellen, indem wir gezielt basische oder saure Lebensmittel (Weizenmehl, Zucker, Kaffee usw.) testen.

2.Bettest du dich richtig?

Diese Frage ist nicht ganz so eingegrenzt gemeint, wie sie formuliert ist; sie befaßt sich nicht nur mit den Materialien und dem Standort unseres Bettes (obwohl auch das eine Rolle spielt), sondern meint auch allgemeiner die Stellen, Orte und sogar Länder, in denen wir unser Erdenleben zu verbringen beschlossen haben. Wundern Sie sich also nicht, wenn nach einer Reihe allgemeiner Betrachtungen das Bett erst viel später in Erscheinung tritt.

Wir wollen zunächst zeigen, daß bei dieser Frage besonders das ganzheitliche Denken beansprucht wird. Dazu gilt es als erstes zu erkennen, daß unsere Sichtweise sich nach dem Stand unseres Wissens und unserer Erfahrungen richtet und daher immer eingegrenzt ist.

Das Dilemma wissenschaftlicher Arbeitsweise ist die oft starke Spezialisierung, die Einteilung in immer kleiner werdende Fach- und Forschungsbereiche, die sich verselbständigen und linear entwickeln, anstatt vertikal und durch analoges Denken miteinander zu kommunizieren.

Dieses Dilemma ist in der Radiästhesie, der Strahlenkunde, weitgehend vermieden: Hier findet eine Verbindung der verschiedenen Fachbereiche tatsächlich statt. Das kann bei fortgeschrittenen Radiästheten so weit gehen, daß sie in der Lage sind, mit ihren weiterentwickelten, modernisierten Wünschelruten (zum Beispiel der Lecher-Antenne) in der medizinischen Diagnostik, der Architektur oder der Geologie tätig zu werden.

Bleiben wir noch ein wenig bei der Radiästhesie, die bei unserer Frage nach dem richtigen Standort, der überwiegend von Strahlen beeinflußt wird, als Diagnosemethode eine wichtige Rolle spielt.

Die moderne, mittlerweile an Hochschulen und Universitäten wissenschaftlich betriebene Radiästhesie (das Wort selbst ist erst etwa 60 Jahre alt, siehe Glossar) hat inzwischen längst erforscht, daß man mit ihren Diagnosemethoden nicht nur Wasseradern oder sogenannte *Erdstrahlen* – diese in der Öffentlichkeit weitgehend bekannten physikalisch definierten Kraftfelder und krankmachenden Störzonen – feststellen und differenzieren kann, sondern auch elektromagnetische Wellen aller Art, besonders die hochfrequenten Mikrowellen. Und das ist heute deshalb besonders bedeutsam, weil in letzter Zeit das gesamte elektromagnetische Feld der Erde radikal verändert wurde. Hatten wir von der Jahrhundertwende noch ein natürliches Feld, so führte unser leichtsinniger Umgang mit neuen Technologien zu einem noch nie dagewesenen, millionenfach größeren künstlichen Energiefeld, und der immer weiter steigende Bedarf läßt globale Auswirkungen wie etwa eine mögliche Umpolung der Erde befürchten, wie Robert O. Becker in seinem schon mehrfach erwähnten Buch ausführt. Eine Folge davon sind ganz neue Krankheitsbilder wie die in Schweden schon länger ernst genommene Elektroallergie. Die wissenschaftliche Erklärung dafür liefert der Arzt Karl-Heinz Braun-von Gladiß (»Biologische Effekte funktechnischer Anlagen«, Amelinghausen 1992, S. 16):

»Es entstehen sogenannte unspezifische Symptome, deren exakte ursächlich beweisbare Rückführung [...] unmöglich ist. Die gleichen Krankheitserscheinungen entstehen nämlich auch bei einer Vielzahl anderer Ursachen: Infekte, Vergiftungen, seelischer Streß und körperliche Überforderung rufen ganz ähnliche Gesundheitsstörungen hervor.«

Typisch für die zunehmende, in Ländern wie Schweden, den USA und Rußland schon länger bekannte Elektroallergie sind nach Braun-von Gladiß:

»Kopfschmerzen, Unruhezustände, Schlafstörungen, Schwäche der Konzentration, Verhaltensveränderung, Denkblockaden, Schwindelgefühle, innere Erregung, das Gefühl ›unter Spannung zu stehen‹, Tinnitus (Ohrengeräusche), Hörsturz, Hormonstörung, Depressivität, Gereiztheit u. a. m. [...] Aber auch handfeste chemische und zelluläre Auswirkungen können sich einstellen: Erhöhung der Blutfette trotz vernünftiger Ernährung, Knochenmarksschwäche mit Rückgang der Zahl an weißen Blutkörperchen, Krebsentwicklung, multiple Sklerose und plötzlicher Kindstod sich nur einige Beispiele einer langen Reihe« (a.a.O., S. 16).

Es wird auch erklärt, wie es zusammenhängt, daß technisch erzeugte Schwingungen in das Resonanzmuster des biologischen Systems (Mensch, Tier und Pflanze) eingreifen können: Da die Lebensvorgänge im Körper von ultrafeinen elektromagnetischen Signalen mit Supraleitung gesteuert werden, die mit einer Leistung von 0,001

Milliwatt/cm^2 winzig sind im Vergleich zur Leistung technischer Geräte wie zum Beispiel dem Mobilfunk-Telefon, überlagern sie die körpereigenen Schwingungen, können sie verändern oder sogar auslöschen, auf jeden Fall aber verändern sie das Resonanzmuster, das eine zentrale Voraussetzung für Gesundheit ist. Auch dies ist, wie bei der Allergie, von der physischen Bereitschaft abhängig. Aber können wir uns selbst helfen gegen diese unsichtbare, nicht fühlbare und daher besonders unheimliche künstliche Strahlung?

Sollten wir – wie die kleine Spinne zwischen den Buntstiften im Becher auf meinem Schreibtisch nichtsahnend und voller Vertrauen ihre Fäden spinnt – uns vertrauensvoll eine Hängematte zwischen Bäumen unterm Richtfunkturm spannen?

Sollen wir hoffen, daß unser *biologisches Fenster* – das heißt, biologische Effekte entstehen durch elektromagnetische Wellen nur dann, wenn Frequenz und Intensität einer Strahlung mit der Empfänglichkeit des Organismus übereinstimmen, also *auf der gleichen Wellenlänge liegen* – gerade nicht getroffen wird?

Ja – ein gewisses Vertrauen sollten wir uns erhalten. Aber es kann nicht, wie bei der kleinen Spinne grenzenlos sein. Wir müssen zum Beispiel wissen, daß im Schlaf unsere schützende Aura so schwach ist, daß Schädigungen noch leichter als im Wachzustand möglich sind. Deshalb müssen wir lernen, uns zu schützen. Dazu muß immer im Detail und am Menschen selbst geprüft werden, ob eine Beeinflussung oder Manipulation vorliegt.

Mit den Meßmethoden und -geräten der Radiästhesie können ungestörte Aufenthaltsorte und Bettplätze ermittelt werden. Dies können wir nach einer Einübungsphase mit dem Biotensor auch selbst bewirken (siehe S. 76 f.). Auf diese Weise können wir uns wirksam selbst helfen.

Bäume haben eine Schutzfunktion, sie können auch elektromagnetische Aufladung im menschlichen Körper abbauen. Die erholsame und heilende Wirkung des Waldes sowie das Wissen um die Heilkraft des einzelnen Baumes (siehe Strassmann, a.a.O.) sollten uns immer gegenwärtig sein. Wir sollten uns dessen bewußt sein, daß wir unsere fünf Sinne erhalten haben, um uns an der Schöpfung zu erfreuen.

Robert O. Becker hat auf spannende Weise geschildert, wie das technisch erzeugte elektromagnetische Feld uns negativ beeinflussen kann – ausgenommen die sogenannte Energiemedizin, in der mit genau dosiertem, vorsichtigem Einsatz künstlicher elektromagnetischer Strahlung therapiert wird – und wie wir vom zum Teil lebensnotwendigen natürlichen elektromagnetischen Feld der Erde berührt und gesteuert werden. Unser biologischer Rhythmus ist vom Magnetfeld der Erde, von dessen täglichen Schwankungen abhängig, das uns vor Sonnensturm – einem ständig von der Sonne ausgesandten Wind aus hoch energetischen atomaren Teilchen – und anderen gewaltigen kosmischen Kräften schützt. Die Magnetosphäre steht im Universum fest, während die Erde rotiert. Sonnenstürme unterschiedlicher Intensität prallen auf die Magnetosphäre und erzeugen Magnetstürme, die erhebliche Auswirkungen auf das Oberflächenmagnetfeld, die Ionosphäre und sogar auf die oberen Schichten der Atmosphäre haben. Diese Auswirkungen können im Zusammenbruch von Telefon- und Hochspannungsnetzen und in erheblichen Störungen von Rundfunk- und Fernsehsignalen bestehen. Diese Wechselwirkung von Sonnenstürmen und Gasmolekülen ist beispielsweise für Himmelserscheinungen wie das Nordlicht verantwortlich. Welche Auswirkungen diese kosmischen Stürme auf das Verhalten des Menschen und anderer lebender Organismen haben, die schon die feinsten Magnetfeldschwankungen wahrnehmen können, wird seit etwa 1950 erforscht – eine Forschung von ungeahnter Bedeutsamkeit. Soviel zu den Ausführungen von Robert O. Becker.

Für unser Thema bedeuten sie folgendes: Im Schlaf darf der ruhende Körper nur dem natürlichen, statischen Magnetfeld ausgesetzt sein. Alle Metallteile im Bett (zum Beispiel Federkernmatratzen, stählerne Bettrahmen) können magnetisiert sein und das natürliche Magnetfeld ständig überlagern. Das führt zu körperlichen Unruhezuständen, aufgrund derer sich der Körper nur ungenügend erholt, und es kann sogar zu Organschäden führen. So berichten Gäste über ihre Erfahrungen in einem Ferienhaus in Österreich, dessen Fußboden zur Abschirmung von Erdstrahlen mit einer Alufolie belegt war, unter dessen Betten Bleiplatten ausgelegt worden waren, und in dessen Nähe ein Richtfunkturm auf derselben geomantischen Zone stand. Dies alles (eines hätte schon ausgereicht) übte eine derart konzentrierte elektrische Aufladung auf den Schlafplatz aus, daß die Gäste in kurzer Zeit, während eines Urlaubs, ernsthaft erkrankten.

Zusammenfassend kann man sagen, daß es die verschiedensten äußeren Einflüsse gibt, die die Lebensvorgänge in Mitleidenschaft ziehen: Ionenstrahlung der Luft bei Klima- oder Wetterwechsel, künstliche Baustoffe im Gebäude, luftelektrische Ausdünstungen von Wasseradern und deren Anregung aller möglichen, ebenfalls schädlichen Frequenzen, geomantische Zonen oder Induktionsfelder. Es gibt zwar Stoffe, die die harte, krankmachende Strahlung etwa von Wasseradern abschirmen bzw. weich machen können – wie Katzenhaar, Schaffell, Kork, Eichenholz oder Bitumen –, aber deren Wirkung ist nicht von Dauer, weil sie sich mit der Zeit aufladen. Eine Abschirmung ist also oft nur vorübergehend wirksam. Am besten ist die Vermeidung schädlicher Strahlung, etwa indem man ihr ausweicht. Entstörung – wenn man dieses Wort überhaupt benutzen kann – ist nicht immer wirksam und kann nachlassen; sie sollte daher von Zeit zu Zeit überprüft werden, denn hundertprozentige Maßnahmen gibt es nicht. Als Geräte zur Entstörung von Erd- und Wasseraderstrahlung gibt es zum Beispiel sogenannte Interferenzsender, die wie Wellenbrecher wirken. Sie können daher auch Unruhe verbreiten. Diese Interferenzsender müssen außerhalb von Wasseradern angebracht werden und sie benötigen keine Fremdenergie, denn sie werden von der natürlichen Strahlung angeregt und entsenden wie eine Stimmgabel horizontale Resonanzwellen über strahlungsgestörte Plätze. Man muß außerdem wissen, daß sie nicht bei Vollmond funktionieren und nicht in der Nähe von Hochspannungsleitungen und elektrischen Bahnstrecken. In diesem Bereich besteht eine intensive Forschung und Entwicklungsarbeit, deren Resultate in Zeitschriften wie »Raum und Zeit« nachzulesen sind.

Die Frage »Bettest du dich richtig?« kann im besonderen, anders nicht diagnostizierbaren Krankheitsfall noch weiträumiger überprüft werden, nämlich: »Ist der Ort, ist das Land, in dem du lebst, für dich richtig?«

3. Hast du Konflikte mit deinen Angehörigen oder mit anderen Menschen?

Diese Frage spricht alle zwischenmenschlichen Beziehungen an, denn Dauerkonflikte können zur Krankheit führen. Das Erkennen und anschließende Auflösen von zwischenmenschlichen Konflikten muß erlernt werden. Dabei lautet die erste Frage: Warum lasse ich es zum Dauerkonflikt kommen? Denn die Selbsterkenntnis ist die Voraussetzung für eine Konfliktlösung. Es ist dabei wichtig, zu wissen, daß ein Wachstum oft nur aus dem Konflikt heraus möglich ist.

Es muß immer wieder darauf geachtet und innerlich überprüft werden, Glaubenssätze, die das eigene Wachstum behindern beziehungsweise unmöglich machen, gar nicht erst entstehen zu lassen. So muß sich der Mensch auch (in Form von therapeutischen Maßnahmen) durchaus Raum für negativ bewertete Urempfindungen wie beispielsweise Rache geben. Denn dies sind natürliche Empfindungen, die nicht verdrängt werden dürfen.

Erst nach der Bearbeitung solcher Urempfindungen kann der Mensch frei werden, um Konflikte zu bewältigen. Wenn die Krankheitsursache durch Beantwortung der bisherigen Fragen nicht gefunden werden konnte, stellt Horst Krohne die Frage:

4. Hast du Probleme mit deinem Gottvertrauen?
Das Schwingungsmodell (S. 40) zeigt, daß die *geistige Information* immer *unten* ankommt, um sich auf dem Weg der Rückkoppelung (religio) in Form von Obertönen usw. wieder emporzuschwingen, bis sie ganz oben ankommen. Daraus ergibt sich: Ohne die Bewußtheit, daß wir an das Höhere angebunden sind und daß jeder den *Göttlichen Funken* in sich trägt, fehlt den Menschen die Rückverbindung.

Dadurch kann es zu Konflikten kommen, die sich zu Krankheitsursachen entwickeln, die wie zufällig wirken. Ob dies der Fall ist, kann ein Heiler vorher am Zustand des siebten Chakras messen und erkennen. Eine Heilung des siebten Chakras ist überwiegend von innen heraus durch eigenes Wachstum, das heißt etwa durch psychodynamische Prozesse, zu beeinflussen (siehe auch B. A. Brennan, »Licht-Arbeit«). Hier muß nach inneren Ursachen gesucht werden.

Nachdem wir die vier von außen wirkenden, krankmachenden Einflußsphären kennengelernt haben, wollen wir uns den drei inneren Einflußsphären zuwenden.

1. Hast du Glaubenssätze?

Glaubenssätze führen immer in die Unbewußtheit. Wir verstellen uns damit den Weg zu innerem Wachstum ebenso wie mit Vollkommenheitsbegriffen, die wir mit dem Verstand erlernen möchten. Die Folge sind Verdrängungen, Blockierungen und Schattenanteile in unserem Inneren.

Dann wird eine Vermeidungsstrategie aufgebaut, um ja nicht in die eigenen dunklen *Nischen* schauen, sie erhellen zu müssen, denn wir fürchten uns vor der Entdeckung eigener negativer Anteile, weil wir von uns verlangen möchten, *gut* zu sein oder wenigstens nach außen zu scheinen. Das uns Unbewußte läßt sich aber auch erkennen und bearbeiten aus der Reflexion all dessen, was uns gegenübersteht.

Wenn wir zum Beispiel aggressiv sind und uns das nicht eingestehen wollen, sondern unsere Aggressivität zu unterdrücken suchen, werden wir ständig mit aggressiven Menschen, mit Aggressivität konfrontiert.

Wenn wir dies trotz häufiger Konfrontation hartnäckig ignorieren, wird es auf der nächsten Ebene handgreiflich manifest: Wir werden körperlich leidend. Wenn der Mensch sich einredet:»Das paßt nicht zu mir« oder»damit will ich nichts zu tun haben«, dann»fällt ihm etwas in den Schatten«, wie Dethlefsen und Dahlke es ausdrücken. Oder es bleibt nur die Operation an der vernachlässigten Körperstelle durch einen Arzt.

Das Entstehen einer Dornwarze etwa bedeutet unterdrückte Wut an der Basis deines Verstehens. Entsteht eine solche Dornwarze am Knie, das für Flexibilität und Beweglichkeit steht, so deutet sie außerdem auf eine unnachgiebige Haltung, auf mangelnde Flexibilität hin (siehe Louise L. Hay,»Heile Deinen Körper«, Freiburg 1992). Wenn man die Wut nicht verarbeitet und das Problem mit dem Knie nicht erkennt und versteht, so hilft nur die operative Entfernung der Warze.

Wir müssen also herausfinden, wo wir Fehler gemacht haben, und versuchen, sie im Geiste aufzulösen, sonst kommen sie auf uns zurück. Das ist schwer zu verstehen und noch viel schwerer zu vollziehen, ohne therapeutische Hilfe ist es kaum möglich – aber es ist der einzige Weg.

Als ein anderes Beispiel führt Horst Krohne den Kapitän eines großen Dampfers an, der glaubte, er müsse in der materiellen Welt der Technik seine Lebensaufgabe finden, und der sich nicht eingestehen wollte, daß er große spirituelle Fähigkeiten hatte – etwa mit seinen Schutzengeln kommunizieren konnte. Beides, die Technik und die Spiritualität waren seine Lebensaufgaben, er versuchte aber, den spirituellen Anteil auszublenden und wurde deshalb krank. Geheilt konnte er erst werden, als diese Zusammenhänge aufgedeckt worden waren, und er erkannte und akzeptierte, daß er beides verwirklichen müsse.

Ein weiterer Punkt ist der Gedanke an die oder die Beschäftigung mit der Wiedergeburt der Seele oder des Geistes. Der Glaube hieran kann hilfreich beim Lösen von Angst sein, die dann entstehen kann, wenn man von der Vorstellung ausgeht, daß mit dem Tode alles unwiderruflich zu Ende ist. Durch den Glauben an eine Wiedergeburt kann die Liebe, die die größte Heilkraft ist, freier fließen.

Es ist nicht auszuschließen, daß die Ursachen für einen großen Teil der Krankheiten des rheumatischen Komplexes und des Immunsystems in einer mangelnden Rückverbindung des Individuums zu seinem Ursprung bestehen. Dann ist die folgende Erkenntnis als Voraussetzung für eine Heilung hilfreich:»Mit diesem einen Leben ist es nicht getan, ich erhalte neue Gelegenheiten.«

Diese Erweiterung der Sichtweise wirkt über die Verstandesebene.

2. Bist du kreativ?

Kreativität ist ein Heilungsprozeß. Kreativ sein bedeutet, auf individuelle Weise seine Einmaligkeit auszudrücken. Entsprechend der unendlichen Vielfalt der Schöpfung gibt es auch zahllose Formen der Kreativität. Wird der kreative Ausdruck behindert oder unterdrückt, so kann dies eine seelische Erkrankung zur Folge haben.

Kreativität bedeutet auch *Lebendigkeit im Geiste*. Das heißt voranzuschreiten, bisher bekannte Erfahrungen zurückzulassen und in neuen Bereichen, für die sich ein inneres Interesse einstellt, neue Erfahrungen zu sammeln. Das Alte, das Gewohnte zu verlassen ist aber nicht leicht. Denn wir müssen unser sicheres, bequemes Umfeld aufgeben und ins Unbekannte gehen. Das setzt widerstreitende innere Kräfte frei. Es kann angst machen und Verdrängungsmechanismen können auftreten, die zu Depressionen führen. Wie Piero Ferruci in seinem Buch, »Werde was du bist: Selbstverwirklichung durch Psychosynthese«, Basel 1985, ausdrückt: »Jeder hat ja mal dem Leben mit voller Offenheit und Unschuld gegenübergestanden, bis dann Liebe nicht erwidert oder die Empfindsamkeit verletzt wurde, bis vielleicht sogar der Glaube verraten und die Spontaneität ins Lächerliche gezogen wurde. All dies hat uns vielleicht mißtrauisch und voller Vorbehalte gemacht, und das kann zu tief verwurzeltem Widerstand führen, sich dem Neuen hinzugeben, nicht noch einmal vom Leben angeschwindelt zu werden.« Diese Mechanismen gilt es zu erkennen, zu durchleben, um frei zu werden für unsere individuelle Kreativität.

Kreatives Mitwirken an der Schöpfung bedeutet, daß wir unsere eigene Kreativität entwickeln und so in die Freude kommen. Auch dies sollte im Einklang mit den Naturgesetzen geschehen.

3.Erlebst du Freude?

Unsere fünf Sinne wurden uns mitgegeben, damit wir uns an der Schöpfung erfreuen. Freude ist auch umschrieben mit dem Wort Genuß. Welche Schönheit begegnet uns zum Beispiel in der Natur; Wir müssen sie nur sehen, riechen, fühlen, hören und bewußt schmecken – genießen. Genuß ist der Gegenpol von Verachtung.

Freude ist auch Gebet, denn ihre Schwingungen kommen oben an. Alles, was uns umgibt, dient uns ja. Von der Sonne angefangen bis hin zu den Pflanzen. Wir können Dinge sehen, die gar nicht vorhanden sind, wie zum Beispiel Farben. Das ist ein großes Geschenk, dadurch wird die Welt bunt und schön. Ein Geschenk ist auch unser Gehör, durch das wir bestimmte Schwingungen wahrnehmen und hören können. Ebenso ist es mit dem Schmecken, Riechen und Fühlen. Dafür sollten wir uns bedanken. Der Körper wurde uns von der Natur zur Verfügung gestellt, geliehen. Freuen wir uns darüber, daß wir mit unseren Sinnen wahrnehmen können, und Freude wiederum ist unser Gesundheitsgarant.

2. Der Biotensor

Der Kunsthistoriker und Heilpraktiker Dr. Josef Oberbach hat sich seit vielen Jahren intensiv mit der Erforschung der Energiestrukturen befaßt und diese Forschung in seinem 1980 erstmals erschienenen Buch »Feuer des Lebens« aus radiästhetischer und medizinischer Sicht erläutert. Das Buch enthält auch die Beschreibung und praktische Anwendung einer bestimmten, von Oberbach entwickelten Einhandrute, den sogenannten Biotensor.

Dieses Test- und Diagnosegerät kann auf allen Gebieten des Lebens bei »Gesundheitsstörungen, geo- und kosmopathogenen Schadstrahlungen, gesundem Bauen und Wohnen usw. bis hin zu dem eigenen körperlichen, geistigen und seelischen Wohlbefinden für Fachleute und Laien eine echte Lebenshilfe sein« (Zitat Oberbach). Da die vielfältigen Anwendungsmöglichkeiten des Biotensors für unser Thema, besonders für Diagnosestellungen von der Aura über die Chakren bis hin zur Bettplatzausmessung, eine große Bedeutung haben, soll dieses Gerät hier ausführlich vorgestellt werden.

Radiästheten haben zu allen Zeiten ähnliche Einhandruten erfunden, aber meist von einfacher, stabartiger Bauart und längst nicht so kompliziert wie Oberbachs Biotensor. Auch Horst Krohne verwendet seit 1980 dieses Gerät. Dieser Biotensor ist auch von dem radiästhetischen Laien nach einer relativ kurzen Einübungszeit gut zu handhaben; und vor allem funktioniert die Einhandrute leichter als die übliche Wünschelrute mit zwei Griffen, die eine V-Antenne oder ein V-Dipol ist. Sie funktioniert sogar dann noch gut und zuverlässig, wenn bei Wasseraderbelastung mit der üblichen Wünschelrute die Fähigkeit des Messenden, Meßergebnisse zu erhalten, unmöglich wird.

Wie der Biotensor im größeren Zusammenhang und physikalisch gesehen wirkt

Der Biotensor ist eine Einhandrute; das bedeutet physikalisch ausgedrückt eine *endgespeiste Stabantenne* oder ein Dipol (griech. *dyo*, zwei). Entstehung und Wirkungsweise eines Dipols zeigt uns die Physik: Er entsteht, wenn ein geschlossener elektrischer Schwingungskreis (gebildet ursprünglich aus Kondensator und Spule) so umgeformt wird, daß er schließlich zu einer Geraden wird (Abb. 5). Um diese Gerade schwingen die elektrischen Wellen in großen Schwingungen und in einem offenen Schwingungskreis, da der Dipol zu elektrischen Schwingungen angeregt werden kann.

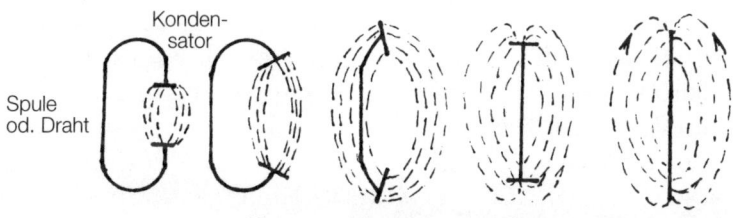

Kondensator

Spule od. Draht

Abb. 5 Entstehung eines Dipols

Da wir elektrische Schwingungen nicht wahrnehmen können, sei ihre Entstehung an einem mechanischen Beispiel, dem Wasser, erläutert, denn ebenso wie eine mechanische Schwingung im Wasser in eine Wellenbewegung übergehen kann, so kann auch eine elektrische Schwingung in eine elektrische Welle übergehen.

Wenn man in einen schmalen, wassergefüllten Zylinder ein Röhrchen taucht und Wasser in dieses saugt, so bilden sich im Röhrchen kaum mechanische Schwingungen aus (ein geschlossener Schwingungskreis); dieser Zustand gleicht dem linken Bild in Abb. 5. Wiederholt man diesen Versuch in einem weiten Gefäß anstelle des schmalen Zylinders, so bilden sich auch hier kaum Schwingungen im Röhrchen aus, jedoch entstehen auf der Wasseroberfläche im weiten Gefäß deutlich sichtbare Wellen (ein offener Schwingungskreis). Diese Entwicklung sehen wir im rechten Bild von Abb. 5.

Setzen wir jetzt einen elastischen, ungehärteten Draht an die Stelle der Geraden im Dipol, beschweren ihn mit einem Metallring und halten dieses Gebilde an einem Griff, so wird daraus ein dem Dipol in den Reaktionen gleichendes, sensibles Federpendel, das mit allen elektromagnetischen Phänomenen wie Mikrowellen und anderen mehr in Resonanz gehen kann; besonders auch mit unseren Bioenergien – also mit allen Schwingungen des Lebens.

Der Biotensor ist der Zeiger des *Instrumentes Mensch*: Körpereigene Schwingungen und Resonanzen zu Umweltenergien werden vom Körper über die Hand auf die Federkonstruktion des Tensors übertragen.

Bei der von Horst Krohne vermittelten Methode sind die in der Radiästhesie üblichen Begriffe wie *Intensität, Polarität, Polarisation,* natürliche Phänomene wie Gitterstrukturen, Wasseradern, Verwerfungen, Geomantien oder künstliche Phänomene wie technisch erzeugte Wellen weniger bedeutsam; auch ist eine mentale Fragestellung, bei der eindeutige Ja-Nein-Fragen gestellt werden müssen, unnötig und sogar unerwünscht, weil sie wegen autosuggestiver Beeinflussungsmöglichkeit zu Fehlern neigt (zum Beispiel:»Ist dieses Brot gut für mich?«).

Zehn Testmöglichkeiten mit Beschreibung der Handhabung und Bedeutung

Bei den verschiedenen Testverfahren wird eine räumlich nahe Verbindung zwischen Tester, Biotensor und Testgegenstand hergestellt, so daß der Körper mit der jeweiligen Schwingung in Resonanz gehen kann – oder auch nicht. Es entstehen dabei Resonanzbrücken, die physikalisch wieder Dipole sind. Diese Resonanzbrücken werden auch *Freundschaftsbrücken* genannt. Mit der Kirlian-Fotografie konnten sie sichtbar gemacht und damit bewiesen werden.

Dies sind zehn Testmöglichkeiten:

1. Lebensmittel (einschließlich von Getränken und Gewürzen)
2. Kosmetika, Putzmittel, Waschmittel
3. Heilmittel und schulmedizinische Medikamente
4. die Heilkraft von Edelsteinen
5. Kleidung (vom Material bis zu den Farben)
6. Schmuck (vom Metall bis zu den Steinen, auch Modeschmuck)
7. die Wohnung (vom Bettplatz über die elektrischen Geräte bis zu den Gardinen)
8. das diffuse Raumklima
9. die Messung der Aura, ein Bioenergietest
10. die Messung der Meridiane an Händen und Füßen

(Die Messung der Chakren siehe S. 118)

Der Biotensor, Beschreibung der Bestandteile:

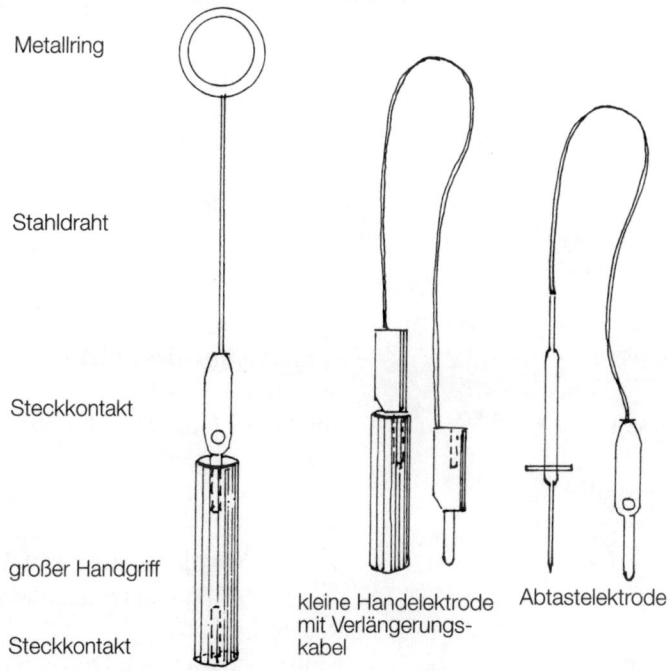

Metallring

Stahldraht

Steckkontakt

großer Handgriff

Steckkontakt

kleine Handelektrode
mit Verlängerungs-
kabel

Abtastelektrode

Abb. 6 Der Biotensor

- *sämtliche Teile können miteinander verbunden werden*
- *die kleine Handelektrode ist unten hohl und kann auf Finger oder Zehen gesteckt werden (z. B. bei Test 10)*
- *die Abtastelektrode benötigt man zum genauen Lokalisieren bei kleinen Testobjekten und bei der Chakrenmessung*
- *kleine Handelektrode und Abtastelektrode sind beim Testen anderer Personen notwendig, sie werden in den Steckkontakt auf der Unterseite des Biotensors gesteckt*
- *Handelektrode und Verlängerungskabel haben Bananenstecker, an deren Oberseite andere Stecker eingesteckt werden können*

Bei der Handhabung ist folgendes zu beachten:
- konzentriert sein
- »stark« (nicht krank oder geschwächt) und ausgeglichen sein
- Metallteile nicht berühren

Test 1. bis 6. Beschreibung der Handhabung:
- Biotensor etwa in Taillenhöhe waagerecht halten und Ring dabei senkrecht stellen
- entweder direkt über das Testobjekt halten
- beim Beziehungstest den Ring zwischen Körper und dem in der anderen Hand gehaltenem Testobjekt halten (Abstand Körper-Testobjekt 10–20 cm)
- Test für andere Personen mit Handelektrode:
  1. Biotensor über Testobjekt halten
  2. mit Abtastelektrode arbeiten

Bedeutung der Biotensor-Ausschläge (am Ring):

waagerecht	=	Zustimmung (»das ist für mich geeignet«)
senkrecht	=	Ablehnung (»das brauche ich nicht«)
Rotation, allgemein	=	absolut ungeeignet, auf jeden Fall vermeiden
Rechtsrotation	=	überschießende Energie, Gefahr allergischer oder entzündlicher Reaktionen
Linksrotation	=	Unterfunktion (auch Degeneration, Depression), giftig

Test 7. – Beschreibung der Handhabung:
Hier messen wir mit dem *Linke-Hand-Test* (bei Linkshändern rechts) mit dem Biotensor über der flach ausgestreckten Hand mit dem Handrücken nach oben und innerhalb der Aura (in weniger als 60 cm Abstand vom Körper);
der Grund für das Messen innerhalb der Aura ist, daß diese uns ja schützt und wir nur diejenige schädliche Strahlung erfassen wollen, die die Aura durchdringt, die uns also schadet.

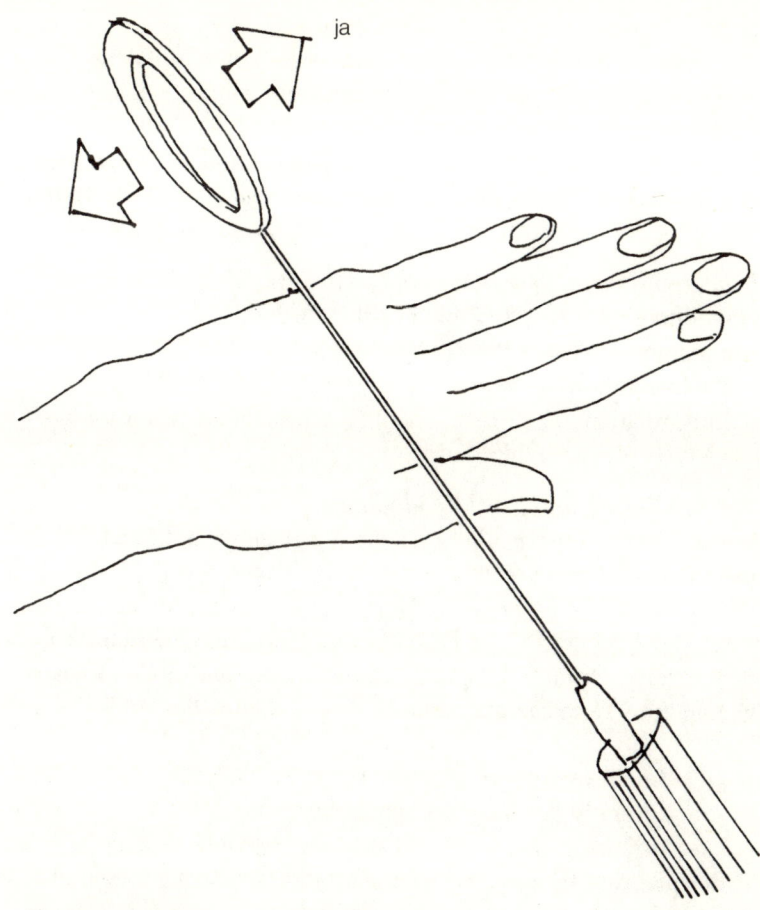

ja

Abb. 7 *Der Handtest*
In unseren Händen fließen die Energien geradlinig ein und aus
(Meridiane) und hin und zurück (Nerven).

Bedeutung der Biotensor-Ausschläge (am Ring):

waagerecht = ja, gut geeigneter Platz, Energien fließen ungestört
senkrecht = nicht optimal, kein Platz zum dauernden Aufenthalt,
Energien werden gebremst bis blockiert
Rotation = schädlicher Platz, auf jeden Fall vermeiden,
Energien sind in Turbulenz

Test 8. – Beschreibung der Handhabung:
Hier messen wir das Raumklima, das heißt alles, was uns im Raum *diffus* belastet, von chemischen Ausdünstungen (zum Beispiel von Lacken, Reinigungsmitteln) bis zu energetischen Überlagerungen (zum Beispiel statische Aufladung von Teppichboden, diffuse Anreicherungen von Funkwellen, Elektrosmog). Dabei wird der Biotensor mit dem Ring nach oben senkrecht über den Kopf gehalten.

Bedeutung der Biotensor-Ausschläge (am Ring):
geradlinig = Raumklima ist in Ordnung
Rotationen = Raumklima ist gestört:
– Rechtsrotation = chemisch aggressiv, Plusionen-Ballung
– Linksrotation = chemisch giftig, schwächend, Minusionen-Ballung

Test 9. – Beschreibung der Handhabung:
Wie schon erwähnt, ist die Aura ein aus unserer verbrauchten und nach außen abgegebenen Energie aufgebautes Bio-Feld, aus dem unsere inneren Zustände (des Nervensystems, der Vitalität, der Organe, des Rückgrates, der Durchblutung) ablesbar werden. Wir erhalten keine perfekte Diagnose, sondern ein Spiegelbild der Energien in uns. Wenn Energien blockiert sind, deutet dies auf Krankheit hin.

– Der Biotensor wird zur Auramessung in 30 Zentimeter Abstand vom Körper in der Aura entlanggeführt.
– Die Aura zeigt auf unserer Rückseite nervlich Bedingtes (zum Beispiel den Ischiasnerv), den Zustand des Rückgrates und der Ganglien an.
– Auf den beiden Seiten ist der Zustand der Muskulatur ablesbar.
– Vorne wird der Zustand der Organe angezeigt, mit Ausnahme des Herzens, das sich in Herzhöhe auf dem Rücken zeigt.
– An den Beinen ist die Durchblutung ablesbar.

Bedeutung der Biotensor-Ausschläge (am Ring):
runde Schwingung mit einem Durchmesser von circa 17 cm = normal und volle Stärke (100 %)
runde, aber kleine Schwingungen = normal, aber schwächere Funktion, je kleiner, desto schwächer

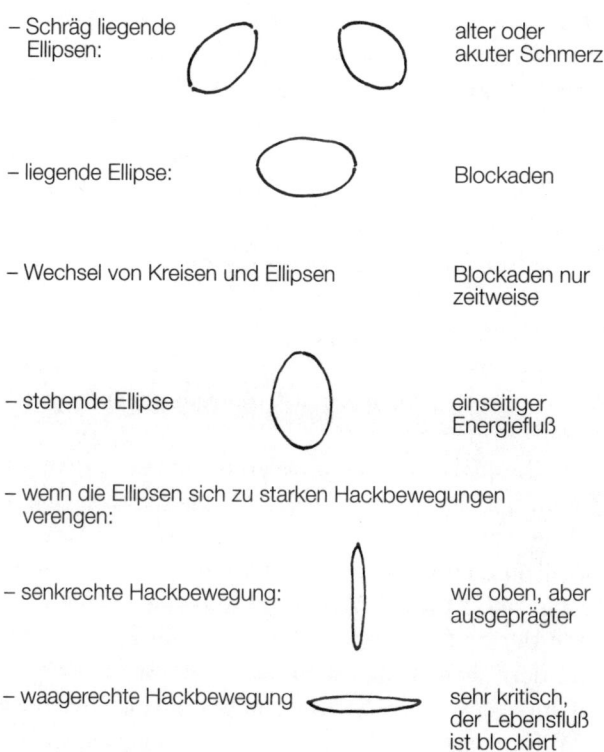

– Schräg liegende Ellipsen:	alter oder akuter Schmerz
– liegende Ellipse:	Blockaden
– Wechsel von Kreisen und Ellipsen	Blockaden nur zeitweise
– stehende Ellipse	einseitiger Energiefluß
– wenn die Ellipsen sich zu starken Hackbewegungen verengen:	
– senkrechte Hackbewegung:	wie oben, aber ausgeprägter
– waagerechte Hackbewegung	sehr kritisch, der Lebensfluß ist blockiert

- Lage und Stärke der Aura spüren wir mit dem Biotensor auf, indem wir uns aus etwa zwei Meter Entfernung und aus drei bis vier Richtungen der Testperson langsam nähern und darauf achten, wann der Ausschlag des Biotensors beginnt. An dieser Stelle beginnt die Aura. Die Aura ist *nicht* immer auf allen Seiten gleich weit vom Körper entfernt; ist sie es nicht, so deutet das auf Störungen im Energiefluß hin.
- Falls die Aura ganz aus dem Lot ist, muß sie zuerst ins Lot zurückgebracht werden, indem sie mit gepolten Händen wieder zurechtgerückt wird.
- Bei der zuletzt erwähnten Messung der Lage und Stärke der Aura finden wir auch den Menschentyp, der auf Plus- bzw. auf Minusionen reagiert (siehe auch S. 61 ff.).

- Der Minusionen-Typ hat eine 60-cm-Aura; er reagiert intensiv bei Tiefdruck (Kaltfront), zum Beispiel mit Schmerz. Der Plusionen-Typ hat eine 90-cm-Aura und reagiert intensiv bei Hochdruck (Warmfront), zum Beispiel bei Föhn, mit Schwäche.

- In der Aura können die Ausschüttungen der Hormone nicht gemessen werden. Das gilt auch für die Emotionen, weil deren Energien recht spontan abgestrahlt werden.

- Bei den (zu Beginn der Auramessung durchzuführenden) Messungen mit horizontal gehaltenem Biotensor, aber vertikalem Ring über dem Kopf (Ring rechtsdrehend) und unten zwischen den Füßen (Ring linksdrehend), läßt sich die Vitalität des Menschen ablesen; an diesen »Polen« ist also die Energieleistung insgesamt abzulesen.

- Sind zum Beispiel die Kreise oben groß und unten klein, so deutet dies darauf hin, daß die Verdauungsorgane schwach sind oder die Ernährung falsch ist; man sollte sich also die Frage stellen: »Ernährst du dich richtig?« (siehe S. 61). Dabei gilt es zunächst *seinen Typ* (nach Carl E. Wagner jun.) herauszufinden, was aber recht schwierig ist, da wir meistens Mischformen dieser Charaktertypen darstellen. Daher kann der Biotensor bei der Auswahl der für uns geeigneten Nahrungsmittel auf die bereits geschilderte Weise wertvolle Hilfe leisten. Das Schwierigste ist allerdings, nach diesen Empfehlungen zu leben. Und selbst wenn wir das schaffen, bleiben noch die kaum zu erfassenden und noch schwieriger zu ändernden äußeren negativen Einflüsse auf unsere Nahrungsmittel, etwa durch Schadstoffbelastung des Bodens sowie dessen Mangelerscheinungen (etwa Mineralien –, das heißt Gesteinsmehlmangel)..

- Genau in Körpermitte, in unserem *Äquator*, wechselt die Drehrichtung von rechts nach links, was dem Wechsel von Plus- zu Minusenergie entspricht, bzw. sie sollte hier wechseln – denn es gibt durchaus Verschiebungen der Lage des Äquators. Allein aus einer solchen Verschiebung, wenn der neutrale Bereich (Magen) sowie die Plus- und Minus-Regionen sich nach unten oder oben verlagert haben, können sich Magenkrankheiten, Nierenprobleme oder Leberbeschwerden ergeben. Die richtige Lage des Äquators befindet sich in Höhe der Ellenbogen bei hängenden Armen.

– Sehr wichtig ist auch die Frage, ob es Hinweise auf Schwächen in der Wirbelsäule gibt, denn aus diesem Bereich wird alles gesteuert. In dem »Heile Deinen Körper« von Louise L. Hay ist anschaulich dargestellt, welche seelisch-geistigen Folgen sich aus Wirbelverschiebungen ergeben können. Es werden die Versorgungsgebiete der Wirbel, die vermutliche Ursache der Verschiebung und die neuen Denkmuster genannt; dies ist ein Nachschlagewerk, auf das später noch eingegangen wird.

– Bei der Biotensormessung können sich auch Überlagerungen von Schmerzmustern aus verschiedenen Zeiten ergeben. Dann gilt immer der zuerst gemessene Wert dem derzeitigen Schmerz. Danach kommende Meßergebnisse betreffen ältere, aber noch in unserem Bewußtsein zu findenden Schmerzzustände. Erst wenn das Bewußtsein das Vergangene bewältigt hat, ist es erledigt und in

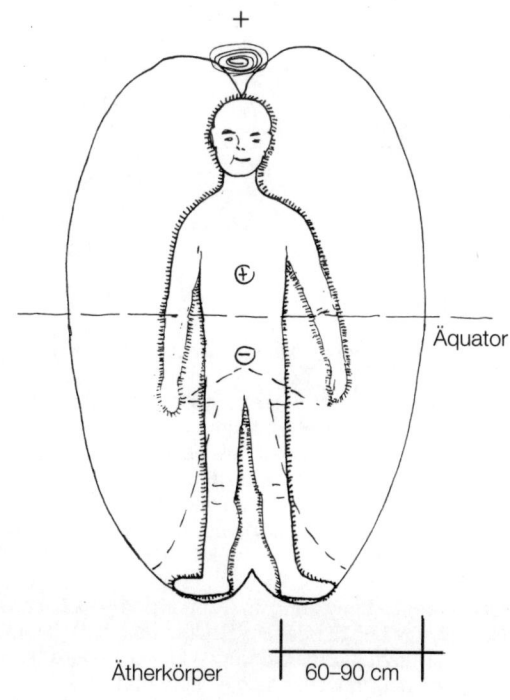

Abb. 8 Die Aura des Menschen

85

Test 9. – Die Messung der Aura, Fallbeispiele

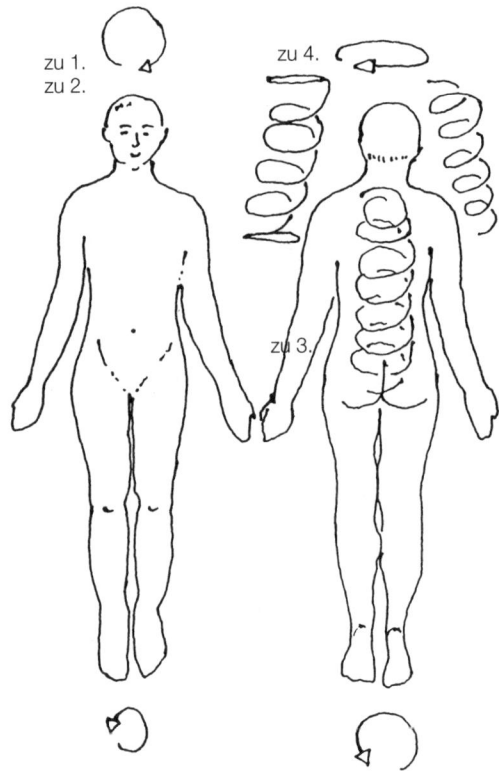

Abb. 9 Die Messung der Aura (nach B. A. Brennan)

1. Sind die Kreise oben und unten unterschiedlich groß, dann erschöpft der Mensch sich schnell; der kleine Kreis bestimmt die Belastbarkeit.
2. Ist die Kreisbewegung unten schneller als oben, dann arbeitet der Darm zu schnell; auch ist der Blutdruck leicht zu niedrig.
3. Wenn im Nervlichen alles in Ordnung ist, aber dennoch Schmerz vorhanden ist, dann befindet sich entweder der Schmerz im Denken, oder das Meridiansystem hat Schwächen. Dann hilft bei ersterem eine Meditation mit Form und Farbe des Schmerzes.
4. Einseitige liegende Hackbewegung im Oberkörperbereich (schwere Blockade im Bereich von Lunge oder Herz). Über dem Kopf liegende Ellipse (Blockade) weist auf Durchblutungsstörungen im Kopf und/oder nervlich schwache Versorgung hin, kritisch! Energiezufuhr durch Verschiebung von Nackenwirbeln bis hin zu Atlas und Axis gesperrt, führt zu Energiemangel im Gehirn, auch Energieblockade in der Nase.

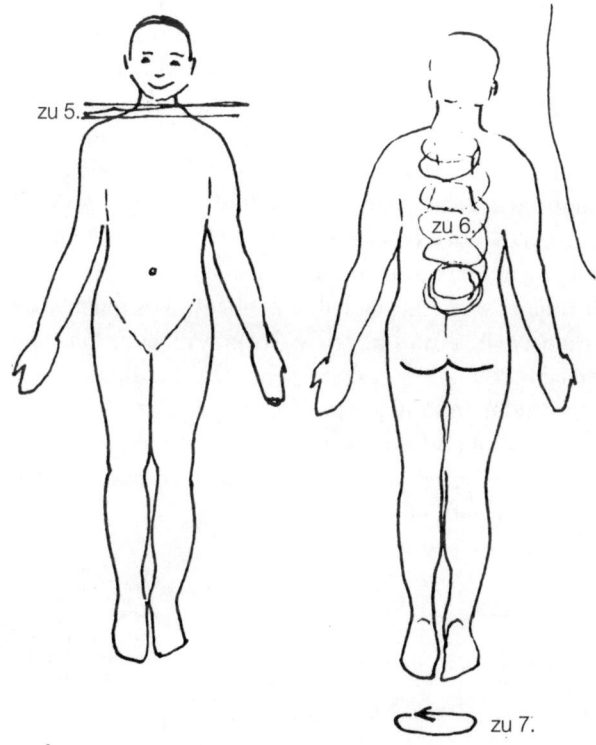

zu 5.

zu 6.

zu 7.

Abb. 10 Die Messung der Aura, Fortsetzung

5. Blockade im Halsbereich weist auf hormonelle Störungen aus der Schilddrüse hin; kritisch wäre ganz kleiner Kreis, der auf eine typische Unterfunktion der Schilddrüse hinwiese.
6. Zu 5. weitertesten: Die Blockade kann noch aus dem Rücken kommen. Sehr schnelle Kreisbewegung im Bereich der Nieren ist ein Versuch, dagegen einzusteuern (Nebennierenhormone); 5. trifft aber dennoch zu.
7. Unten liegende Ellipse deutet auf eine Blockade mit wahrscheinlichem Schmerz im Hüftbereich oder auf Probleme an der Blase hin. Blockade oder Schmerz liegen im unteren Lendenwirbelbereich.

Zu Test 10.:

Hierbei handelt es sich um eine sehr einfache, aber umfassende und zielsichere Diagnosemethode (genaue Beschreibung siehe S. 89 ff.), die die Methoden der Schulmedizin ergänzt und dabei keine Nebenwirkungen zeigt. Dennoch haben unsere Ergebnisse als Laien keine den Arzt ersetzende Aussagekraft, sondern enthalten nur vorbeugende Ratschläge im Rahmen der Lebenshilfe. Wen der Widerspruch stört, der sei daran erinnert, daß die Untersuchung und Behandlung nur solchen Personen erlaubt ist (gem. Approbationsordnung für Ärzte oder Heilpraktikergesetz), die eine staatliche Zulassung zur Ausübung des Heilberufes erhalten haben.

Die Meridiane sind Energiebahnen, ein offenes magnetisches System, in dem positive und negative Ströme fließen. Die Meridiane sind jeweils doppelt angelegt und reichen von innen nach außen und umgekehrt wieder in den Körper hinein, immer abwechselnd Yin (weiblich und nehmend) und Yang (männlich und gebend). Sie versorgen dabei alle Gebiete, die sie durchfluten, indem sie Energie ein- und wieder ausatmen.

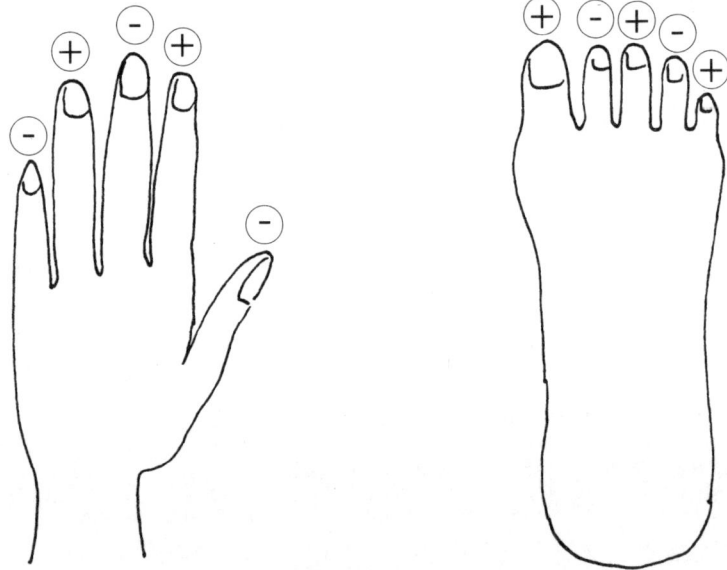

Abb. 11 Die Polung an Händen und Füßen

Test 10. – Beschreibung der Handhabung
- Biotensor vor die einzelnen Finger bzw. Zehen halten; dabei werden jeweils zwei Meridiane erfaßt
- Am besten führt man den Test bei den Füßen mit der kleinen Handelektrode durch, die man auf die Zehen steckt, denn diese liegen oft so eng beieinander, daß nur so präzise Ergebnisse möglich sind.
- Bei gestörten Fingern oder Zehen wird mit der Abtastelektrode genauer nachgemessen, indem diese in die beiden Ausgangspunkte der Meridiane (Akupunkturpunkte) am rechten und linken Nagelfalz genau in Verlängerung der Halbmondlinie gelegt wird und diese beiden Stellen gemessen werden.

Bedeutung der Biotensor-Ausschläge am Ring
Die Polarisation, d.h. die Drehrichtung des Biotensors, muß von Finger zu Finger und von Zeh zu Zeh wechseln; wenn nicht, liegt eine Störung vor (siehe S. 89 ff.).

- Rotation rund · = alles ist in Ordnung
- Rotation rund, jedoch = leichte körperliche
  nicht gleichmäßig Störung
- senkrechter Ausschlag
  (Hackbewegung) = körperliche Störung
- waagerechter Ausschlag = Blockade
- wiederholen sich diese
  Hackbewegungen an beiden = vermutlich chronische
  Händen bzw. Füßen Störung bzw. Krankheit

Zu Test 10: – Genaue Beschreibung der Diagnosemöglichkeiten bei der Meridianmessung an Finger- und Zehenspitzen
Diese auch auf den Forschungen von Motoyama aufbauende Methode wird seit Jahren erfolgreich praktiziert (siehe E. Körbler). Die Meridiane pulsieren aus den Händen und Füßen; durch sie be-greifen und ver-stehen wir die Welt. Da die Meridiane in den Finger- und Zehenspitzen enden, sind diese Stellen gut geeignet, den Zustand des jeweiligen restlichen Meridians und des mit ihm verbundenen Organs nachzuprüfen. Das heißt, indem wir die Meridianein- und -abstrahlung an Fingern und Zehen messen, erhalten wir Informationen über die biologischen (vorübergehenden oder chroni-

schen), körperlichen, psychischen, ablagerungsbedingten, ja sogar seelischen Prozesse, die sich gerade in der Testperson vollziehen.

Die Polarität der Meridiane wechselt zweimal am Tag, und zwar bei Sonnenauf- und Sonnenuntergang von plus nach minus. Nach dem »Umschalten« fließt die Energie in den Meridianen in umgekehrter Richtung, was so vor sich geht, daß sie erst flackern und dann umpolen. Die physikalisch erklärbaren, aber noch keineswegs vollständig erforschten elektromagnetischen Vorgänge in den Meridianen ähneln denen der galvanischen Elektrizität: Bei dem Polaritätswechsel bewirken die Säuren und Salze im Blut, daß Metallionen mit dem Strom wandern (physikalisch betrachtet von der Anode zur Kathode). Das klappt aber nicht bei allen Menschen perfekt; manchmal ist ein Meridian schwach, polt nicht sofort um und bleibt gewissermaßen *hängen*. Dann entstehen Ablagerungen, weil die Metallionen (Salze), die mit dem Strom wandern, den Körper nicht verlassen können. Das kann sich zwar nach einigen Tagen ausgleichen, dennoch sind dadurch aber bereits Salze aufgehalten worden, und es ist eine kristalline Ablagerung entstanden. Wenn dies häufiger geschieht, häufen sich die Ablagerungen bis hin zur Krankheit wie zum Beispiel den Rheumaknoten, die durch die Ablagerung harnsaurer Salze verursacht werden. Solche Erkrankungen sind häufig auch äußerlich erkennbar, etwa durch sich krümmende Finger. Sie können behoben werden, und damit auch die Fingerkrümmung, durch Stärkung der Schaltprozesse im Meridian und der Energien (Josef Oberbach, »Feuer des Lebens«).

Ablagerungsbedingte Erkrankungen müssen mindestens zweimal gemessen werden, vor und nach Sonnenauf- oder -untergang, damit wir das zu langsame Umpolen einwandfrei diagnostizieren können. Es gibt die Möglichkeit, die Ablagerungen mit Elektroakupunktur »wegzuschießen«. Damit sollte man aber vorsichtig sein, denn es »geht aufs Gemüt«, da die Meridiane auch die Bahnen der Seele sind.

Die Aufschlüsselung der Bedeutung der Funktionen der einzelnen Meridiane – die Teile von höchst komplizierten Beziehungen zwischen physischen und nichtphysischen Aspekten des menschlichen Organismus sind – geht aus der Abbildung auf der nächsten Seite hervor.

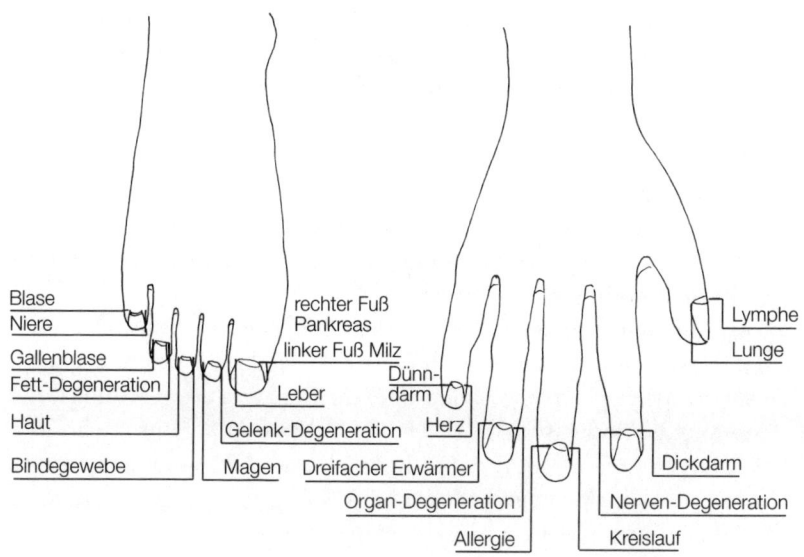

Abb. 12 Funktionen der Meridiane (nach E. Körbler)

Die in den Finger- bzw. Zehenspitzen endenden Meridiane steuern insgesamt zwölf Organe (Blase, Niere, Galle, Haut, Magen, Leber, Milz, Pankreas, Dünndarm, Dickdarm, Herz und Lunge) und neun Körperfunktionen (Fett-, Gelenk-, Organ- und Nervendegeneration, Bindegewebe, Dreifacher Erwärmer, Allergie, Kreislauf und Lymphe). Dabei ist es aber nicht so, daß jeder Meridian für sich allein funktioniert, sondern sie stehen alle in vielfältigen Wechselwirkungen miteinander; das gilt insbesondere für jene Meridiane, die gemeinsam an einem Finger oder Zeh enden. Die Beziehungen zwischen den Meridianen sind derart verwickelt, daß selbst ein spezialisierter Forscher wie Motoyama sich in seinem 1978 erstmals erschienenen Buch»Chakren-Physiologie« noch sehr vorsichtig ausdrückte und viele Wissenslücken erst in den letzten Jahren geschlossen werden konnten.

Beginnen wir mit der Betrachtung der Meridian-Endpunkte bei der Hand.

Am kleinen Finger enden der *Dünndarmmeridian* und der *Herzmeridian*. Beide sind die hauptsächlichen Energielieferanten für un-

91

seren Körper, denn im Herzen wird die höchste piezoelektrische Energie und im Dünndarm mit seinen stürmischen Verdauungsvorgängen die höchste chemoelektrische Energie erzeugt.

Der Herzmeridian ist verantwortlich für den gesamten Prozeß der Blutzirkulation, von der Arbeit des Herzmuskels bis zur Verteilung des Sauerstoffs. Wenn diese beiden Meridiane stark sind, dann ist auch die Aura wieder stark. Das bewirkt, daß der Körper auf elektromagnetische Einflüsse abwehrend reagieren kann.

Am Ringfinger endet zum einen der *Dreifache Erwärmer*, der nur in der östlichen, speziell der chinesischen Medizin bekannt ist und nicht für spezielle Organe, sondern für die Funktion des gesamten Organismus zuständig ist und der über die Körpertemperatur wacht. Er ist dann schwach, wenn wir zum Beispiel unter Hitzewallungen oder kalten Füßen leiden, und das hat dann Auswirkungen auf die Organe.

Zum zweiten endet am Ringfinger der Meridian für *Organdegeneration*, der dann beeinträchtigt ist, wenn ein oder mehrere Organe degenerativ sind oder operativ entfernt wurden.

Am Mittelfinger sind die Meridiane für *Allergie* und *Kreislauf* zu finden. Ist die Energie am Allergiemeridian gestört, so sind Allergien vorhanden. Ist der Kreislaufmeridian in Ordnung, so haben wir Freude. Dieser Meridian wird in der östlichen Medizin Herz-Konstriktor-Meridian genannt; er bildet einen Gegensatz zum Dreifachen Erwärmer und ist wie dieser zuständig für die Funktion des gesamten Organismus, außerdem steht er in Verbindung mit der Herzfunktion.

Am Zeigefinger befinden sich die Meridiane für die *Nervendegeneration* und den *Dickdarm*. Wenn an diesen beiden Meridianen sehr schwache Energien gemessen werden, liegt die Wahrscheinlichkeit nahe, daß Angstsymptome vorhanden sind. Diesen Zusammenhang zeigen auch zwei Ausdrücke aus dem Volksmund: *vor Angst in die Hose machen* und *Schiß haben*. An diesen Meridianen können wir eindrucksvoll die Wechselwirkungen der Meridiane an einem Finger oder Zeh beobachten.

Am Daumen finden wir die Meridiane der *Lunge* und der *Lymphe*. Hier läßt sich eine weitere Wechselwirkung beobachten: Wenn sowohl der Lungen- als auch der Kreislaufmeridian (am Mittelfinger) schwach sind, so kann es zu einer Erkältung kommen. Diese Konstellation kann schon bis zu drei Tage vorher festgestellt werden. Kommt zu dieser Konstellation, zu dieser Schwäche, zu diesem gestörten Energiefluß noch ein zusätzlicher äußerer Einfluß hinzu, so wird der Mensch krank.

Ist der Lymphmeridian stabil, so können wir tänzerisch durchs Leben gehen. Bei Schwäche dieses Meridians hat man eine laufende Nase oder Speichelfluß oder Lymphstauungen.

Kommen wir nun zum Fuß.

Am kleinen Zeh endet als längster Meridian der *Blasenmeridian* und auf der Innenseite der *Nierenmeridian*. An ihnen können wir Probleme mit diesen beiden Organen feststellen.

Am zweiten Zeh enden der *Gallenblasen*- und der *Fettdegenerationsmeridian*. Letzterer überwacht den Fetthaushalt, die Fettspeicherung im Körper und sorgt dafür, daß nichts »ranzig« wird. Wenn er zu kraftvoll ist, also eine Überfunktion hat, dann setzt der Mensch zuviel Fett an. In der Therapie wird dieser Meridian daher gebremst.

Am dritten Zeh enden der *Haut*-und der *Bindegewebsmeridian*. Das Bindegewebe kann zu einer »Müllkippe« werden, wenn der es steuernde Meridian schwach ist. Dann entstehen zu viele Ablagerungen, und deren Folge kann Muskel- oder Weichteilrheumatismus sein.

Am vierten Zeh schließlich finden wir den *Magen*- und den *Gelenkdegenerationsmeridian*. Wenn letzterer zu stark ist, also eine Überfunktion hat, ist die Folge eine Erkrankung an Arthritis, bei zu schwachen Meridianen (Unterfunktion) kommt es zur Arthrose. Der Zusammenhang dieser beiden Meridiane ist auch dafür verantwortlich, daß ein Mensch, der ständig magenkrank ist, Gelenkprobleme bekommen kann. Außerdem hängt der Magen mit dem Säurenmilieu, den ph-Werten, zusammen. Bei einer Magen- oder Gelenkerkrankung müssen zuerst diese Meridiane in Ordnung gebracht werden. Der Gelenkmeridian ist mit allen anderen Meridianen verbunden und kann daher zur Heilung aller Meridiane dienen.

Am großen Zeh befinden sich innen der *Lebermeridian* und auf der Außenseite die *Meridiane* für *Milz* und *Pankreas*. Hier am großen Zeh gibt es als einzige Ausnahme den Fall, daß ein Meridian nicht doppelt, sondern nur einmal angelegt ist: daß die beiden Organe Milz und Pankreas nur jeweils einmal gemessen werden können, nämlich am linken Fuß die Milz und am rechten die Bauchspeicheldrüse (Pankreas). Wahrscheinlich rührt das daher, daß diese beiden Organe in der chinesischen Medizin als eine Einheit betrachtet werden. Auch hier finden wir Fehlfunktionen im Organischen am Energiefluß der Meridiane.

Die Zahl Fünf ist von großer Bedeutung in der Polarität. Immer wieder taucht die Fünferteilung auf: fünf Finger, fünf Zehen, fünf persönliche Chakren (die übrigen beiden, Wurzel- und Kronenchakra, sind göttlicher Natur). In den Kristallstrukturen kommt die Zahl Fünf jedoch noch nicht vor. Erst in der Fauna, der Flora und beim Menschen taucht sie auf.

Wenn an der einen Hand drei Finger plus- und zwei Finger minuspolig sind, so ist es bei der anderen Hand umgekehrt: drei Finger sind minus- und zwei pluspolig. Das wechselt beim tageszeitlich bedingten Polaritätswechsel.

Legen wir beide Hände zusammen (Daumen auf Daumen usw.), so fallen die Pole zusammen (Abb. 13). Dies ist eine Haltung der Verinnerlichung, des Gebets, der Meditation. Ein guter *Kurzschluß*, bei dem die Meridiane nach innen fließen.

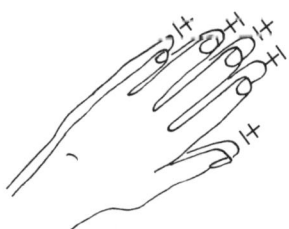

Abb. 13 Meridian-Polung bei zusammengelegten Händen

Über die Meridiane und ihre vielfältigen Verflechtungen können wir alles über den Körper und die Psyche erfahren. Zum Beispiel liegt bei einer Energieblockade ein psychisches Problem vor. Es ist aber auch mit diesem Diagnoseverfahren an den Meridianen möglich, Hinweise auf seelische Fehlfunktionen zu erhalten.

Wir können diese Hinweise dadurch erhalten, daß wir eine

Störung des großen Yin-Yang-Systems, des Ausdrucks der Seele, diagnostizieren. Das geht folgendermaßen vor sich:
Yin bedeutet: weiblich, linksdrehend, –, einatmen
Yang bedeutet: männlich, rechtsdrehend, +, ausatmen
Die Seele ist im Gleichgewicht, wenn die Polarität 10:10 ist, also zehn Finger bzw. Zehen müssen (im Wechsel) plus und minus gepolt sein. Die Seele ist aber krank, wenn:

– neun Finger und Zehen plus und elf Finger und Zehen (im Wechsel) minus gepolt sind. Weil Yin überwiegt, entsteht Traurigkeit; es tauchen tiefe Urängste auf, ebenso Weinerlichkeit und Mutlosigkeit.
– elf Finger und Zehen plus und neun Finger und Zehen minus gepolt sind. Yang überwiegt, es entsteht Wut und Ärger.
– acht Finger und Zehen plus und zwölf Finger und Zehen minus gepolt sind. Yin überwiegt, es entsteht Suizidgefahr, die Seele kann sich nicht mehr ausgleichen.
– zwölf Finger und Zehen plus und acht Finger und Zehen minus gepolt sind. In diesem Fall wird die Suizidgefahr dramatisch. Yang überwiegt, die Seele überreagiert, es treten dramatische Situationen auf, zum Beispiel der Versuch, andere in den Tod mitzunehmen (Amoklauf!).

Wir haben hier beispielhaft Hinweise auf seelische Fehlfunktionen gegeben. Im weiteren ist es Sache des erfahrenen Geistheilers, die Ursache der seelischen Erkrankung festzustellen. Sie ist in den Chakren oder im Karma zu finden, denn alles seelisch oder karmisch Bedingte ergibt sich aus den Chakren.

Außer den seelischen können zugleich auch psychische und somatische Erkrankungen auftreten, die so ebenfalls an den Meridianendpunkten diagnostizierbar sind. Dies ausführlicher zu schildern, würde hier aber zu weit gehen, da gleichzeitig auf drei Ebenen nachgeforscht werden muß, was die Diagnostik entsprechend verkompliziert.

Bevor wir hier enden und zum Eigentlichen kommen, nämlich den geistigen Heilweisen, sei noch auf eines hingewiesen, das auch den Chinesen schon seit Tausenden von Jahren bekannt ist: daß nämlich über die Meridiane bzw. deren Endpunkte nicht nur Erkrankungen, die bereits körperlich manifest geworden sind, diagnostiziert werden können, sondern auch solche Krankheiten, deren Möglichkeit sich aufgrund einer Meridianschwäche erst andeutet – und deren Ausbrechen man mit einer rechtzeitigen Stärkung des Meridians verhindern kann. Auch in der streng naturwissenschaftlichen Forschung ist dies vor Jahren schon für möglich gehalten worden. Motoyama schreibt dazu (a. a. O., S. 163):

»Die Fähigkeit, Abnormität, Unstabilität, Erregung oder Schwäche der Meridianfunktion vor der Manifestation einer organischen Erkrankung zu messen, würde sich als ein großer Trumpf in den Händen der Präventivmedizin erweisen.«

IV
Heilung

1. Grundwissen über die geistigen Heilweisen

Eine Urform der Behandlung eines Kranken ist das Auflegen der menschlichen Hand auf die erkrankten Körperstellen. Die Berührung mit der *heilenden Hand*. Diese ärztliche Urgebärde (Dominik Leupold) ist seit Jahrtausenden bekannt (zur Geschichte siehe Willy Schrödter, »Heilmagnetismus«) und wurde bereits von Hippokrates folgendermaßen beschrieben: »Wenn ich meine Hand über einen Kranken halte, besteht eine große Wahrscheinlichkeit, daß ich ihn heilen kann.«

Die segensreiche, wohltuende Wirkung dieser »Be-hand-lung« im wahrsten Sinne des Wortes kennt wohl jeder noch aus seiner Kindheit, wenn man sich weh getan hat und die Mutter tröstend ihre Hand auf die schmerzende Stelle legte. Ihre Körperwärme, die unmittelbare Berührung von Haut zu Haut, hatte etwas Beruhigendes und Schmerzlinderndes: Man war mit seinem Schmerz, seinem Leid nicht mehr allein. Es wurde von einer nahestehenden Person geteilt und wurde damit erträglicher. »Geteiltes Leid ist halbes Leid.«

Was geschieht eigentlich beim Handauflegen? Nach Willy Schrödter ist es

> »die Übertragung von Lebenskraft (lat.: *Vis vitalis*) von einer Person, die davon überquillt, auf eine andere, die deren ermangelt.«

Das ist zugleich auch die Definition für Heilmagnetismus oder Heilmagnetopathie. So genannt, weil viele Therapeuten glaubten (und glauben), bei dieser Lebenskraft handele es sich um eine Art von Magnetismus, dem physikalischen Magnetismus verwandt. »Animalischen Magnetismus« nannte es der Arzt und berühmte Magnetopath Franz Anton Mesmer (1734–1815). Mesmer hat übrigens noch heute eine große Anhängerschaft. Noch 1958 hat der amerikanische Ärzteverband sein Verfahren offiziell anerkannt.

Dabei ist unumstritten, daß dem Handauflegen – unabhängig von einer vielleicht tatsächlich wirkenden heilenden Kraft, die aber bisher nicht gemessen werden konnte – auch ein optisch wirksames suggestives Moment innewohnt, das es für die Schulmedizin von vornherein zu einer wirkungslosen, placeboartigen Manipulation macht. Und dabei ist die mentale Mitwirkung, die psychische Beeinflußbarkeit des Heilungssuchenden sehr wichtig. Allerdings nicht immer und nicht unbedingt, denn es ist durchaus dokumentiert, daß der Heilmagnetismus auch bei Säuglingen und Tieren wirkt. Ein anderes Phänomen ist, daß ein Therapeut sich selbst nicht, oder nur sehr selten, heilmagnetisch wirksam behandeln kann. Das beschreibt der bekannte Wiener Heilmagnetopath Rudolf Thetter (1889–1957) und nennt auch den wahrscheinlichen Grund dafür.

»Eigentümlicherweise hilft der Heilmagnetismus bei Selbstbehandlung weit weniger – wenn überhaupt – als bei der Behandlung fremder Personen. Dahinter steckt ein transzendentes Gesetz: Die Gottheit will, daß ein Mensch auf den anderen angewiesen sei, damit sich die tätige Nächstenliebe entfalte.«

Inzwischen ist auch in Deutschland eine aus den USA kommende, durch Handauflegen wirkende Heilweise wieder weiter verbreitet: das Reiki. Es handelt sich hierbei um eine fernöstliche Heilweise mit universeller Lebensenergie (das *ki* im Namen bezeichnet jene Lebensenergie, die die Chinesen *chi* oder *Qi* nennen, wir *Licht*, und die Inder *prana*), die ein japanischer christlicher Theologe zu Ende des 19. Jahrhunderts in alten tibetischen Schriften wiederentdeckt haben soll und die über Japan in die USA gelangte, wo sie zu einem straff organisierten und stark verschulten System entwickelt wurde und in Seminaren weitergegeben wird. Inzwischen gibt es zwei miteinander konkurrierende, sich in der Sache aber kaum unterscheidende Reiki-Verbände. Das Reiki-Anfängerseminar bietet eine Möglichkeit, mit seinem Innenleben in Kontakt zu kommen. Bei den weiteren Seminarstufen geht es über das Handauflegen hinaus in Bereiche wie etwa die Fernheilung, beruhend auf Mantren.

Die Reiki-Lehre geht davon aus, daß die kosmische Energie durch den Therapeuten hindurchfließt und über dessen Hände abgegeben wird. Der Therapeut ist also nur Vermittler, *Kanal*, und nicht selbst an dem Vorgang beteiligt. Die meisten anderen Heilmagnetiseure empfinden, daß die kosmische Energie in ihnen verstärkt, fokussiert wird und dann über die Hände in dieser Verstärkung an den Heilungssuchenden weitergegeben wird.

Aber, wie wir bereits an früherer Stelle erklärt haben: das bloße Handauflegen ist noch keine Geistheilung! Bei manchem Leser werden wir mit dieser Behauptung Widerspruch erweckt haben, weiß er doch genau, daß die Arbeit mit den Händen eine der wichtigsten und häufigsten Tätigkeiten in der Geistheilung ist. Die normale Magnetopathie bedeutet Arbeit mit magnetischen, das heißt psychisch-seelischen Frequenzen. Dabei fließt die heilende, universelle Energie durch die Chakra-Nebenzentren in den Handtellern. Aber erst dann, wenn noch etwas Entscheidendes hinzugekommen ist, erst, wenn wir in der Lage sind, die Energien zu lenken, sie mit heilsamen Gedanken zu versehen, wirkt die Heilmagnetopathie so direkt und deutlich, daß man von Geistheilung sprechen kann.

Und dazu lernen wir im Seminar als erste Steuerung, Lenkung von Energien, eine Methode, die Meridiane an den Fingerspitzen zu neutralisieren. Das bedeutet, daß die Hände in der Weise *gepolt* werden, daß alle Finger der einen Hand nur positiv, die der anderen Hand nur negativ abstrahlen. Es gibt dann also nicht mehr den normalen Wechsel von (+) zu (−) von einem Finger zum anderen (siehe Abb. 13). Dabei ist es individuell verschieden, welche Hand plus und welche minus gepolt ist. Es war ein wichtiges Ergebnis in dem Arbeitskreis Horst Krohnes (im »Zentrum für Lebenshilfe« auf Teneriffa), herauszufinden, daß die Heilkraft auf diese Weise verstärkt werden kann. Dabei stellte sich auch heraus, daß wohl alle Heilmedien bzw. Geistheiler, ohne es zu wissen, seit jeher mit derart gepolten Händen arbeiten, denn sie sprechen immer davon, daß sie mit einer *gebenden* und einer *nehmenden* Hand arbeiten. Nachmessungen mit dem Biotensor ergaben in diesen Fällen immer eine solche Polung.

Mit Blick auf die Lernenden und die Seminarteilnehmer kann man formulieren, daß es für diese ein *Geschenk* aus der geistigen Welt ist, um auf ihrem Weg zu weiterer Erkenntnis und Bewußtwerdung größere Heilkräfte entfalten zu können.

Wir haben bereits erfahren, daß die Minuspolung Yin und das nehmende Prinzip bedeutet, während die Pluspolung mit Yang und dem Geben verbunden ist. Dieses Prinzip gilt auch hier: Mit der minusgepolten Hand kann man also zum Beispiel Schmerzen herausziehen. Dabei ist es zu empfehlen, die Hand langsam weiterwandern zu lassen, um eine größere Fläche abzudecken. Mit der plusgepolten Hand kann der Therapeut, falls erforderlich, heilende Energie abgeben. Hier wird bereits deutlich, wie wichtig es für den Therapeuten ist, zu wissen, wie seine heilende Hand gepolt ist. Beachtet er dies nicht, kann sein Einsatz völlig wirkungslos sein!

Beim Heilen geschieht zwischen dem Kranken und dem Therapeuten ein Wechselspiel von (+) auf (–) oder von (–) auf (+). Bei einer degenerativen Erkrankung oder bei Unterfunktion strahlt die Hand des Therapeuten Energie ab, und bei Überfunktion nimmt dieser die überschüssige Energie auf, er *saugt* sie gewissermaßen ab. Heilung geschieht, wenn der Kranke den Regulierungsprozeß annimmt. Das ist aber nicht immer der Fall, denn es kann vorkommen, daß Glaubenssätze oder Selbstsuggestion dies verhindern. So kann etwa ein Kranker keine heilende Energie aufnehmen, wenn seine Yin-Energie gestört ist: Er ist dann nicht in der Lage, Gesundheit *einzuatmen.*

Hat der Therapeut durch Wegnehmen überschüssiger Energie zum Beispiel bei einem entzündlichen Prozeß oder durch Geben von Lebensenergie bei einer degenerativen Erkrankung einen Anstoß zur Heilung in der richtigen Richtung gegeben, und ist der Kranke in der Lage, den Regulierungsprozeß anzunehmen, so setzt anschließend der Selbstregulierungsprozeß durch Nachfließen der universellen Lebensenergie ein. Das heißt, der Therapeut muß nicht die gesamte vom Kranken benötigte Energie liefern, sondern nur *den Anfang machen.* Den Rest besorgt dann der Organismus des Kranken über die Selbstheilungskräfte allein. Aus diesem Grund kann eine Behandlung mit Handauflegen nur zehn Minuten dauern. Es gibt Fälle, in denen schon zwei Minuten ausreichen.

Das kann mit einem Auto verglichen werden: wenn bei diesem durch irgendeinen Fehler die Batterie entladen ist, so muß nur der Motor mit einem Starterkabel angeworfen werden. Anschließend kann der laufende Motor die Batterie allein wieder aufladen.

So kann mit der minusgepolten Hand ein Schmerz – und zwar die Information des Schmerzes – herausgezogen werden. Hat der Schmerz jedoch eine tiefere Ursache, so muß der Verursacher gefunden werden. Solange dieser nicht aufgedeckt ist, kann man nur eine vorübergehende Linderung erreichen, nicht aber die dauerhafte Heilung zum Beispiel eines Kopfschmerzes. Meist ist es ein geistig-seelischer oder psychischer Hintergrund, der erkannt, bearbeitet und ausagiert werden muß, damit Heilung dauerhaft ist. Ein Heiler, der Verbindung mit der geistigen Welt hat, bekommt in solchen Fällen häufig einen Hinweis aus dieser darauf, wie eine Erkrankung aufgelöst werden kann.

Einige praktische Hinweise sollen dem Verständnis des Heilens mit gepolten Händen dienen:

Bei Kopfschmerzen, die vom Nacken ausstrahlen, wird die minusgepolte Hand in den Nacken gelegt. Aber es gilt bei Kopfschmerzen zu beachten, daß sie – wie viele andere Schmerzzustände – nur ein Alarmsignal für eine irgendwo gestörte Funktion sein können. Das gilt auch besonders für Migräne, für Migränekopfschmerzen, die häufig psychisch-seelische Ursachen haben und durch eine Ausmessung der Chakren zu diagnostizieren sind.

Bei einer Schmerzbehandlung ist es auch sinnvoll, den Kranken Form, Ausdehnung und Farbe des Schmerzes schildern zu lassen und dann mit der Komplementärfarbe zu behandeln. Es wird meistens mit der minusgepolten Hand geheilt. So etwa auch bei Fettleibigkeit und Eßsucht. Hier kann letztere gebremst werden, indem mit der minusgepolten Hand der Endpunkt des Fettdegenerationsmeridians (am zweiten Zeh, siehe Abb. 12) behandelt wird, diesem also Energie entzogen wird.

Abweichend davon wird mit der plusgepolten Hand zum Beispiel bei Immunschwäche, Impotenz oder bei Lähmungen behandelt. Das sind Fälle, in denen Energie fehlt. So wird auch die Thymusdrüse, welche die Immunabwehr steuert, zur Stärkung der Immunabwehr mit der plusgepolten Hand behandelt, und zwar am besten mit drei Fingerspitzen, die man besser als die ganze Hand auf die kleine Fläche der Thymusdrüse konzentrieren kann.

Sehr wichtig ist nach der Behandlung das Zurückpolen der Hände, weil für längere Zeit gepolte Hände zu psychischen oder seelischen

Störungen führen können. Es kann auch die starke Harmonie, die bei Meditationen zur Selbstheilung entsteht, zu einer ungewollten Polung der Hände führen. So ist es besonders für Anfänger erforderlich, die eigenen Zustände gründlich zu beobachten und immer übend mit dem Biotensor zu kontrollieren. Das Erlernen der Polung der Hände hat einen Einweihungscharakter; es ist in der Gebetsform und nur unter Anleitung eines Lehrers möglich.

Wir sollten uns darüber klar sein, daß gepolte Hände ein *Geschenk* sind und gleichzeitig für manchen eine Verpflichtung. Denn dies ist die *erste mediale Fähigkeit,* die wir (nach Horst Krohnes Lehrprogramm) erlernen.

Es stellt sich auch immer aufs neue die Frage, ob Heilung überhaupt erlaubt ist, ob wir mit unserem begrenzten Wissen in das Leiden eines anderen Menschen eingreifen dürfen, womit wir ihm ja eventuell die Chance für einen eigenen Lernprozeß nehmen würden. Aber zum einen hat auch der Leidende – wie jeder Mensch – mehrere Möglichkeiten, im eigenen Lernprozeß auf den Weg der Erkenntnis zu gelangen, nämlich durch Bewußtwerdungsprozesse oder, wenn das nicht genutzt wird, häufig durch Leiden. Und zum zweiten haben wir wie gesagt dieses *Geschenk* der gepolten Hände, dessen meßbarer Nutzen nach Anwendung ruft.

Als *zweite mediale Fähigkeit* erlernen wir, unseren Ätherkörper, der sich teils innerhalb und teils außerhalb unseres Körpers befindet und diesen in 1–2 mm Stärke umgibt (siehe S. 85), zu erkennen. Das können wir dadurch zu erreichen suchen, daß wir uns zunächst gedanklich vollkommen auf den Ätherkörper konzentrieren und dann eine Hand hoch gegen den hellen Himmel halten. Beim Betrachten dieser Hand sollten wir sie aber nicht fixieren, sondern wie in größter *Vor-Einschlaf-Ruhe* an den Fingern vorbeisehen. Wenn wir Glück haben, zeigt sich schon beim ersten Versuch eine Abstrahlung an den Fingerumrissen, ähnlich wie bei der Kirlian-Fotografie geflammt mit dunklem Rand entlang den Fingerkuppen. Dies ist die elektrostatische Komponente des Ätherkörpers. Normalerweise bedarf es aber vieler Übung, den Ätherkörper sehen zu lernen.

So nähern wir uns allmählich dem Kern der Geistheilung, deren Hauptmerkmal ja die *Medialität* ist. Der erste Schritt auf dem Wege zu medialen Fähigkeiten ist also das Vermögen, die Hände umpolen

zu können. Der zweite Schritt ist das allmähliche Erlernen der sogenannten *Aurasichtigkeit,* das mit dem Erkennen des Ätherkörpers
beginnt.

Falls beides oder eins von beiden nicht auf Anhieb und auch nicht
nach häufigem Üben gelingen sollte, besteht dennoch kein Grund
zur Beunruhigung. Denn allein das Wissen um und das Verständnis
für diese Möglichkeiten ist ein Weg dorthin. Und jeder Mensch
braucht seinen eigenen, individuellen Zeitraum, um diese Fähigkeiten zu erlangen.

Aber: Was ist Medialität, was bedeutet es, mediale Fähigkeiten zu
haben, und warum ist sie in der Geistheilung so wichtig?

Das Wort *medial* kommt aus dem Lateinischen *(medialis)* und bedeutet wörtlich *in der Mitte befindlich* oder *nach der Mitte gelegen.*
Medialität heißt also *in der Mitte sein* oder auch *offen sein,* und zwar
ein *Kanal sein* zwischen verschiedenen Welten, zwischen dem Dies-
seits und dem Jenseits.

Ein Medium ist in der Esoterik ein Mensch, der offen ist für Botschaften aus dem Jenseits. Es gibt Medien, die bei Tagesbewußtsein
Botschaften empfangen können, andere müssen sich dazu in Trance
versetzen. Trance wiederum ist eine tiefe Versenkung, eine Art von
Bewußtlosigkeit unter Ausschaltung des Verstandes und der eigenen
Willensbildung durch Selbsthypnose. Ein Bewußtseinszustand ähnlich der Hypnose, bei dem die Empfänglichkeit für Energien, für
außersinnliche Wahrnehmungen auf das Äußerste gesteigert ist. Das
Identitätsgefühl des in Trance Befindlichen geht dann bis zur Auflösung der Ich-Grenze; dies bedeutet Medium sein.

Auch die Meditation ist eine Versenkung des Menschen in sich
selbst. Dabei entsteht keine Konzentration, sondern einfach ein
Offen-Sein. Sie ist ein *Zur-Mitte-Gehen,* eine Selbstfindung, eine
Erweiterung des Bewußtseins im bewußter Werden. Das heißt,
wenn man sich öffnet und bewußt schaut – eine innere Wachheit
hat –, können unbewußte Teile ins Bewußtsein treten. Das kann bis
zum völligen Offensein für höchste Schwingungen gehen. In der
Meditation öffnet sich der Mensch für sein Inneres. Horst Krohne
wendet in seinem Lehrprogramm eine *geführte* Meditation an, indem das Tagesbewußtsein möglichst ausgeschaltet wird und mit einer Suggestion Heilkräfte entfaltet werden sollen. Wenn dies nicht

gezielt und fachkundig eingesetzt wird, besteht die Gefahr der Verdrängung von Problemen.

Wir haben die Definition der eng miteinander zusammenhängenden Begriffe Medialität, Medium und Meditation angesprochen, um zu zeigen, daß es für jeden einen persönlichen Zugang dazu gibt und warum die Erreichung des damit verbundenen Bewußtseinszustandes in der Geistheilung sowohl für den Heiler als auch für den Heilungsuchenden von großer Bedeutung ist.

Da ein Mensch mit medialen Fähigkeiten – die man in gewissem Umfang erlernen kann – für jede Art der Wahrnehmung, besonders für außersinnliche, besonders empfänglich ist, so kann er auch besonders sensibel seine Umwelt erleben. Diese gesteigerte Sensibilität hat eine Erhöhung der Chakrenenergie zur Folge (oder zur Voraussetzung), und das kann zu gesundheitlichen Problemen wie Überfunktionen führen. Da vom Zustand der Chakren alle Körperfunktionen abhängig sind, kann deren Übersteuerung zu gereizten bis entzündeten Organen führen. Das hat meistens keine ernsthaften Erkrankungen zur Folge. Solche überreizten Zustände der Chakren wandern von unten nach oben, beginnen also beim ersten, dem Wurzelchakra. Wenn wir sie kennen, können wir uns durch Bewußtwerdung darauf einstellen. Deshalb sollen diese möglichen organischen Folgen überreizter Chakrenenergien hier kurz aufgeführt werden.

1. Chakra: Entzündung der Blase, des Ischiasnervs, der Beine
2. Chakra: Darmprobleme, rabiate sowie krampfhafte Prozesse bei den Ausscheidungsorganen
3. Chakra: Beschwerden an Magen, Darm, Leber, Milz und Pankreas
4. Chakra: Störungen an Herz, Kreislauf oder Immunsystem
5. Chakra: Organüberfunktion (das. 5. Chakra steuert alle Organe) besonders der Schilddrüse
6. Chakra: depressive Zustände

Medialität zeigt sich auch in einer gesteigerten Vorstellungskraft und Imagination, besonders einer farblichen Imagination. Diese Imaginationskraft kann sich in der Meditation erheblich verstärken: Es wird möglich, farbige Bilder aus der Vorstellung konkret zu sehen und zu fixieren. Das hilft dem medial Begabten oder Geübten, bei einem Heilungsvorgang Form und Farbe eines kranken Bereichs oder Organs in seinem gesunden Zustand zu visualisieren und mit dieser Vorwegnahme des Heilungsprozesses die heilenden Energien gedanklich an die richtige Stelle zu führen und zu verstärken.

Der komplizierte Vorgang der Heilung *funktioniert* wohl besser, wenn wir den gesunden Endzustand im Auge behalten und nicht allzusehr ins (organische) Detail gehen: denn Heilung kann geschehen, wenn wir den kranken Menschen in seiner Vollkommenheit sehen, uns vorstellen können. Und wir müssen uns darüber im klaren sein, daß wir uns in dem Moment, in dem wir dazu in der Lage sind, dank unserer meditativ verstärkten Gedankenkraft bereits außerhalb der Materie und im Seins-Bereich »Psyche/Seele« (siehe den 2. Abschnitt unseres Schwingungsmodells, das ja ein vereinfachtes Lebensmodell ist) befinden. Damit nähern wir uns bereits sehr dem nächsthöheren Seins-Bereich des Geistes und können vielleicht schon geistige Hilfe erlangen, um die zu bitten wir erlernen müssen. Denn der Vorgang der Heilung ist viel komplizierter, als wir es uns vorstellen können. Es heißt, gute Helfer aus der geistigen Welt sind dann behilflich.

Aber auch die Eigenverantwortung des Kranken ist für die Heilung wichtig, trägt zu ihr bei. Denn wenn dieser in seinen Gedanken *unheil* ist aufgrund seiner Glaubenssätze oder wenn er nicht bereit ist, für eine Heilung etwas zu tun, oder gar nicht gesund werden will, kann der Therapeut keine Heilung bewirken. In diesem Fall muß der Kranke entweder erst den Weg durch die Krankheit gehen oder er muß auf anderem Wege Erkenntnis erlangen.

Krankheiten entstehen meist durch *falsche* oder *negative,* das heißt lebenshemmende oder -feindliche Gedanken, denn der Körper folgt den Gedanken. Derjenige, der ständig Angst vor Infektionen hat, wird auch immer wieder welche bekommen! Deswegen ist es lebensstützend, in der Gegenwart zu sein.

Wir erwähnten bereits, daß die Kunst des Heilens im Erreichen einer Langzeitwirkung besteht. Wenn der Therapeut die zum Ingangsetzen des Heilungsprozesses notwendige Energie übertragen hat, muß die universelle Lebensenergie von sich aus nachfließen, muß also die Selbstregulierung des Kranken einsetzen; und das geschieht nur dann, wenn dieser *mitmacht.* Die eben gemachte Aussage, der Kranke müsse, wenn er dazu noch nicht in der Lage ist, erst auf anderem Wege Erkenntnis erlangen, bedeutet, daß er lernen muß, den anstehenden Entwicklungschritt zu verstehen und mitzugehen. Wenn dies gelingt, wird spätestens drei Tage nach der Energieübertragung durch den Therapeuten der Körper anfangen sich zu regenerieren, daß heißt die Heilung anzunehmen.

Ebendiese Notwendigkeit der inneren Kooperation des Kranken ist ein Grund dafür, daß die Geistheilung neben der Schulmedizin, oder vielleicht gar als deren Ersatz, kaum je für die breite Masse der Bevölkerung geeignet sein wird. Denn die Geistheilung ist eine »subjektive« Heilweise. Eine bei allen gleichermaßen wirksame Heilweise – dies ist der Anspruch, den die Schulmedizin an ihre chemischen Medikamente stellt – muß nach unserem materialistischen Weltbild aber vollkommen *objektiv* sein, muß also die Mitwirkung des Kranken, unter Umständen auch des Arztes, ausschalten.

Zu beachten ist, daß der Erwerb von Wissen und Fertigkeiten nur zum Selbstzweck nicht funktioniert: Nur wenn wir den festen Willen haben, mit den erworbenen Fähigkeiten anderen helfen, sie heilen zu wollen, wird uns geholfen. Geholfen aus der geistigen Welt, deren Hilfe wir auch bei dem so komplizierten und vielschichtigen Vorgang der Heilung benötigen. Vor der Behandlung empfiehlt Horst Krohne die folgende Fürbitte zu sprechen:

Ich möchte wissen, um zu helfen; ich möchte können, um zu helfen.

Allem vorangehen muß natürlich das eigene Wachsen des Heilers.

2. Der Schutz ist wichtig

Vor dem Behandeln sollte der Heiler sich selbst vor krankmachenden Energien schützen, indem er um spirituellen Schutz bittet. Hierzu gibt es mehrere Möglichkeiten:

1. Es sollte in der Meditation formuliert werden: »Ich möchte helfen können und um Schutz bitten.«
2. Der Heiler sollte visualisieren, daß ihn ein violette, schützende Aura umgibt, die durch einen dunkelvioletten Rand zusätzlich verstärkt werden kann.

3. Der Heiler darf nicht mit dem Kranken mitleiden und sollte seine Aufmerksamkeit auch nicht direkt auf diesen konzentrieren. Wenn er dies dennoch tut, zeigt der Muskel-Arm-Test aus der Kinesiologie sofort eine Schwächung der Lebensenergie des Heilers an. Eine Hilfe ist es, sich auf die Suche nach der Krankheitsursache zu konzentrieren und nicht auf den Kranken selbst, sowie klar und voller Bewußtsein zu sein. Dann werden den Heiler keine kranken Energien treffen. Anteilnahme und Mitfühlen sind jedoch ebenso wichtig für den Heilungsprozeß wie Liebe und Nächstenliebe. Anders als das Mitleiden führen sie aber nicht zur Aufnahme kranker Energien.

3. Eine Strategie der Heilung entwickeln

Dieses Konzept bedeutet folgendes:

Es muß herausgefunden werden, auf welcher Ebene sich die Krankheit befindet (Körper, Seele oder Geist).

Danach ist dann die Heilungsmethode einzurichten, die entweder aus der gleichen oder aus der höher gelegenen Ebene kommen muß, niemals aber aus der darunter liegenden kommen kann. Zum Beispiel kann Angst oder Depression, auf der seelischen Ebene liegend, nicht mit materiellen Dingen geheilt werden; ebenso mangelnde Liebe nicht. (Die grundlegende Ursache alles Krankmachenden ist mangelnde Bewußtheit.)

Wenden wir uns zunächst der Suche nach der Krankheitsebene zu.

Auf der *körperlichen Ebene* liegt die Krankheitsursache unter anderem bei falscher Ernährung, Mangelerscheinungen, äußeren krankmachenden Einflüssen wie zum Beispiel Erd- oder technische Strahlen, weil der Körper durch Fehlschaltungen in der Eigeninformation verzerrt wird. Hierfür sind die schon angesprochenen Fragen der äußeren Einflüsse wichtig (Ernährst du dich richtig? Bettest du dich richtig?).

Als Diagnosemöglichkeiten haben wir außerdem

– die Messung der Meridian-Endpunkte an Händen und Füßen (zwölf Organe, neun Körperfunktionen),

– die Messung in der Aura (Vitalität, Organe, Muskeln, Rückgrat, nervlich Bedingtes, Durchblutung der Beine).

Auf der *psychisch-seelischen Ebene* liegt die Krankheitsursache, wenn die Seele nicht in der Lage ist (Seele und Psyche sind eine Einheit) psychische Prozesse zu steuern und damit über den Körper Erfahrungen, Lernschritte zu machen. Hierzu sind die Fragen nach den inneren Einflüssen abzuklären (siehe S. 72 f.). Dazu ist aber ganz tiefe Selbsterkenntnis notwendig: die Erkenntnis der eigenen dunklen Schattenseiten und deren Annehmen und Auflösen durch das Licht der Bewußtwerdung.

Im seelischen Bereich kann es zu festgefahrenen Glaubenssätzen kommen. Da wir alle Suchende sind, glauben wir zunächst einmal an Vorsätze und an Einflüsse aus unserem Umfeld. Aber das können Fehlentwicklungen sein, wenn solche Einflüsse gar nicht zu uns passen.

Auch hier gibt es als Diagnosemöglichkeiten:

– die Messung der Meridian-Endpunkte an Händen und Füßen (bei Energieblockade liegt ein psychisches Problem vor, bei Störung des Yin-Yang-Gleichgewichts gibt es ein seelisches Problem.

– die Messung in der Aura (diffuses Meßverfahren der Körperenergien: gestörter Energiefluß bzw. Blockade und akuter oder alter Schmerz deuten ebenfalls auf psychische oder seelische Krankheiten hin).

Krankheitsursachen auf der *geistigen Ebene* lassen sich herausfinden durch Klärung von Problemen, die aus dem Innern kommen (siehe S. 72 f.).

Eine Diagnosemöglichkeit ist:
– Ausmessung der Chakren (seelische Krankheiten, Erbkrankheiten, karmische Ursachen)

Als nächstes wollen wir die Heilungsmethoden erörtern. Es wird geheilt:

– auf der körperlichen Ebene mit gepolten Händen
– auf der psychisch-seelischen Ebene mit Organsprache, Symbolen, Farben, mit der Liebe und mit Chakrenenergie

– auf der geistigen Ebene mit Hilfe von geistigen Führern, durch mediales Mitwirken und mit Raum und Zeit verändernden Techniken

Diese Methoden wurden hier nur der Übersichtlichkeit halber so klar getrennt. In Wirklichkeit gibt es überall fließende Übergänge. Das Heilen mit gepolten Händen wird aber nicht nur auf der körperlichen Ebene angewandt, wie diese Aufstellung suggerieren mag, sondern es kann vielfältig mit den Heilungsmethoden der anderen Ebenen kombiniert werden. Diese Kombinationsmöglichkeiten reichen dann bis in den zweiten, teils sogar schon in den dritten Seinsbereich des Schwingungsmodells hinein.

Eine Heilungsmethode auf der psychisch-seelischen Ebene – die im weitesten Sinne Lernen durch Erkenntnis bedeutet – ist die Organsprache, die nur von erfahrenen Heilern durchgeführt werden sollte. Sie geht so vor sich, daß die Organe sich über den Heilungsuchenden ausdrücken: Sie benutzen seine Stimme, seine Stimmbänder. Dabei visualisieren Heiler und Heilungsuchender zunächst gemeinsam die entsprechenden Organe. Die Organsprache ist auch eine in der Psychotherapie bekannte Methode.

1. Eine der Methoden der Organsprache ist die direkte Kommunikation, bei der Heiler und Heilungsuchender sich aufeinander einstellen und der Heilungsuchende »in sich hineinschaut«, den Zustand des betroffenen Organs sieht und beschreibt. Wenn dies nicht gelingt, kann der Heiler mit seiner Visualisierungskraft helfend einspringen. Weil dabei die Farbe des Organs eine Rolle spielt, muß der Heiler die Bedeutung der Farben erlernen. Durch Imaginationsübungen kann der Heiler, möglichst immer zusammen mit dem Heilungsuchenden, die richtige, das heißt gesunde Form und Farbe des Organs sehen. Wenn der Heilungsuchende in der Lage ist, seine innere Situation zu sehen und darzustellen, kann dies zu erstaunlichen Resultaten führen, wobei ein entspannter Zustand aber wichtig ist: Die Organe sprechen; sie zeigen ihr Beleidigtsein, ihr Mißhandeltsein, ihren Ärger über schlechte Behandlung usw.

2. Eine andere Methode ist, daß Heiler und Heilungsuchender sich die betroffenen Organe in der Meditation vergegenwärtigen, etwa

sie auf einem Bildschirm sehen. Das geschieht in tiefer Entspannung und, im Gegensatz zur ersten Methode, ohne verbale Kommunikation. Denn das Sprechen in der Meditation ohne Störung der Tiefenentspannung ist schwierig und muß erlernt werden.

Auch das Heilen mit Symbolen und geometrischen Zeichen ist eine Form der sprachähnlichen Kommunikation mit Organen. Bei dieser von Erich Körbler entwickelten und von ihm »Neue Homöopathie« bezeichneten Therapie werden bestimmte Formen – etwa Kombinationen von Strichen und Sinuskurven oder ein Y – auf den Körper gezeichnet. Sie wirken wie moderne elektronische Schaltelemente auf die Energieströme im Körper ein und können belastende, krankmachende Energien löschen.

Bei der verbalen Kommunikation mit den Organen kann ein gezielter – Verdrängungen ausschließender – bewußter Ersatz krankmachender, alter Denkmuster durch neue, heilsame Denkmuster von Bedeutung sein, wie sie Louise L. Hay in ihrem schon erwähnten Buch detailliert auflistet.

Die Organe haben im gesunden Zustand überwiegend die Farbe der Chakren, zu denen sie gehören, die sie steuern. Aber es gibt auch Ausnahmen. Zum Beispiel liegen die Nieren in einem Grenzbereich zwischen dem zweiten orangefarbenen Chakra und dem dritten gelben Chakra. Sie haben aber eine bläuliche Färbung, die auch leicht schillern kann. Das Thema der Organfarben, ein sehr umfangreiches Gebiet, soll hier jedoch nicht ausführlicher behandelt werden.

Ausführlich wollen wir uns dagegen mit dem Heilen mit Farben befassen, mit der Farbtherapie, bei der reine Energie mit der Frequenz der jeweils heilenden Farbe eingesetzt wird und die ebenfalls auf der seelischen Ebene stattfindet.

Wie wir wissen, ist der gebende Teil, der Geist, immer vollkommen. Begegnet er aber einer Stelle (siehe das Heilungsmodell, S. 40), an der die Information durch Inversion oder Resonanz gestört ist, entsteht eine Verzerrung der Information. Um das zu korrigieren, tritt der Selbstregulierungsprozeß ein: Wenn eine verzerrte Information auf eine Welle stößt – die auch eine Farbe sein kann –, die die gleiche Information besitzt wie sie sie ursprünglich hatte, klinkt sie sich in diese ein, springt wieder zurück in die Ebene des Geistes, und die reparierte Information kann erneut fließen. Den Störungen, Verzerrungen, wird also mit komplementären Vorstellungen, auch komplementären farblichen Imaginationen, entgegengewirkt.

Dazu muß der kranke Bereich aber zunächst einmal beschrieben, farblich definiert werden. Dabei ist es unwichtig, ob es sich um einen entzündlichen Prozeß, ein krankes Organ oder um eine schmerzende Stelle im Körper handelt. Es kommt auch hier darauf an, daß der Heilungsuchende Form und Farbe des erkrankten Bereiches angeben kann. Wenn er dies nicht kann, wird ihm die eine oder andere Farbe angeboten, und er kann auswählen. Die Hinweise, die der Heiler auf diese Weise bekommt, haben eine ganz bestimmte Bedeutung für die Krankheit und für die Heilung.

1. Farben in der Krankheit:

Rot deutet darauf hin, daß etwas gefühlsmäßig, leidenschaftlich erwünscht, gewollt ist; ja sogar erzwungen werden will. Es ist immer mit starken Gefühlen verbunden. Schmerzen als Folge von Entzündungen erscheinen rot.

Helles Rot (Alarmrot) ist ein Zeichen von Ärger.

Dunkelrot weist auf unerlösten vergangenen Ärger hin.

Orange zeigt Unbeugsamkeit an. Orangerote Schmerzen kommen von übertriebenem Ehrgeiz aus privaten oder beruflichen Gründen.

Gelb deutet auf Fixierung im Denken, im Intellekt hin. Gefühle werden unterdrückt, und Fakten zum Finden einer Lösung werden hin- und hergewälzt, die aber auf diesem Wege nicht erreicht wird.

Grün bei Schmerzen deutet auf Ablehnung der Person des Heilers oder der ganzen Behandlung hin. Diese Farbe kommt selten vor, und zwar dann, wenn sich der Heilungsuchende in seinem Schmerz »wohl fühlt«, wenn er also gar nicht geheilt werden will.

Blau als Farbe von Schmerzen zeigt Angst vor Belastung an und die Ablehnung, zu lernen oder zu lehren. Diese Farbe tritt auch bei Problemen auf der spirituellen Ebene auf.

Violett bedeutet die Suche nach Höherem und dem Geist.

Weiß deutet auf Konflikte mit der Wahrheit hin. Entweder man will etwas nicht wahrhaben, oder man ist in der Unwahrheit und sucht nach Wahrheit.

111

Dunkel, fast schwarz ist die Abwesenheit von Licht, von Harmonie und von Liebe.

Grau in verschiedenen Abstufungen zeigt Energiemangel an bis hin zu den Symptomen die unter *Dunkel* aufgeführt sind.

Braun ist die gefährlichste Farbe. Sie kann Suchtprobleme, das Suchen nach einer Lösung anzeigen. Auch das Erzwingenwollen nicht erreichbarer Ziele, das Erkennen der Hoffnungslosigkeit der eigenen Anstrengung bis hin zu Selbstaufgabe. Krebs erscheint fast immer braun. Wenn Braun gesehen wird, sollte sofort gehandelt werden.

2. Farben bei der Heilung:

Rot verbrennt auf der psychischen Ebene quälende Erinnerungen und falsche Theorien, auf der materiellen Ebene Warzen und Geschwülste. Es wird auch bei Immunschwäche oder Impotenz zur Energieaufladung benutzt. Rot wird auch bei der Krebsbehandlung eingesetzt. Diese ist jedoch Sache eines versierten Geistheilers. Er benutzt diese Farbe auch, um den Kranken mit voller Energie bis zum Schwitzen aufzuheizen.

Orange ist sehr gut geeignet in Kombination mit den Symbolen der »neuen Homöopathie«, zum Beispiel ein orangerotes *Y* auf grünem Grund (etwa einem grünen Seidenpullover) tragen. Diese Farbe eignet sich wie Rot auch zum Aufladen mit Energie, speziell des Körpergewebes, bei Impotenz oder zur Stärkung des Immunsystems.

Rot und Orange sind Feuer, Wärme, Brennen (Wegbrennen). Sie sind besonders wirksam, wenn sie als Strahl gebündelt werden.

Gelb ist die Farbe des Intellekts. Es hilft, Erkenntnisse zu setzen, wenn jemand etwas nicht wahrhaben will, dumpf vor sich hinbrütet, Lern- oder Kommunikationsschwierigkeiten hat. Gelb ist die Farbe des dritten Chakras, das die Verdauung steuert, zur Konfliktauflösung beiträgt. Man kann dann wieder Eindrücke verdauen.

Grün ist die Farbe der Harmonisierung, der Liebe, des Annehmens. Es entspricht der Farbe des Herzchakras und wirkt bei Allergien. Grün ist eine zentrale Farbe, grün ist alles in der Natur. Es bietet zusätzlichen Schutz.

Blau hilft gegen alle Probleme, die vom Intellekt verursacht werden. Bei einseitigem Intellekt ist bei der Behandlung mit der Farbe

Blau ein Ausgleich, eine Ausdehnung in den Geist zu erwarten. Blau wirkt auch beruhigend, desinfizierend, reinigend und kühlend bei von überreiztem, entzündetem Gewebe verursachten Schmerzen.

Violett kann man einsetzen, wenn die Verbindung von bewußt und unbewußt gestört ist; es hilft bei Alpträumen. Mit Violett kann man auch ein verschobenes Gleichgewicht von Magnetismus und Elektrizität im Körper wiederherstellen und das Öffnen zum Unbewußten erreichen.

Weiß wirkt gegen alle grau bis schwarz erscheinenden Symptome. Es hebt auch Blockaden bei Angst und Depression auf und ist eine Friedensfarbe, die Unfrieden behebt.

Die beiden folgenden Farben können zusammen mit den bisherigen gegeben werden:

Gold dient der Stabilisierung eines Heilungsprozesses und ist dann besonders angezeigt, wenn bei einem Patienten eine neue Behandlung begonnen wurde. Gold ist das stärkende Prinzip.

Silber nimmt man zusätzlich bei Reinigung und Klärung. Zum Beispiel bei Nervenschmerzen Violett mit silbernen Sternen oder Fäden, auch beim Haften an Vergangenem.

Alle Farben können auch kombiniert werden. Es ist sogar gut, mit zwei Farben zu heilen. Das wirkt ausgleichend, aber auch akzentuierend, verstärkend. Wenn man mit der ersten Farbe nicht genau getroffen hat, kann die zweite dies ausgleichen. Wenn man zwei Farben wählt, so sollte eine davon die Komplementärfarbe des kranken Bereichs oder Symptoms sein. Was eine »Komplementärfarbe« ist, wird oft falsch definiert. Hier ist die klassische Definition: Es gibt die drei Grundfarben Blau – Rot – Gelb. Die Komplementärfarbe zu einer dieser Grundfarben ist die Mischung aus den beiden anderen.

Weiß eignet sich gut zum Beginn und kann dann mit einer anderen Farbe kombiniert werden, zum Beispiel mit leichtem Grün oder mit Gelb (siehe dort).

Mit Silber als zweiter Farbe können Akzente gesetzt werden wie Tupfer, die dann die Grundfarbe hervorheben. Wenn der Heilungsuchende außer einer Farbe die Empfindung »dumpf« wahrnimmt, dann muß zusätzlich zur Komplementärfarbe Licht gegeben werden. Das Heilen mit zusätzlichem Licht eignet sich auch bei Erkältung und anderen einfachen Erkrankungen, aber etwa auch bei einem eingeklemmten Nerv.

Gelbe Tupfer können bei zuviel Kopfarbeit hilfreich und entspannend sein.

Eine heilende Wirkung kann unterstützt werden, wenn man Kleidung in den Farben der betreffenden Chakren wählt. Hierzu bedarf es jedoch einer ausführlichen Farbberatung.

Mit zwei Farben wird auch beim Wegbrennen von Warzen oder Geschwülsten vorgegangen: Zunächst wird Rot gesetzt, und dann wird Orange visualisiert, um die Wirkung des Rot zum allmählichen Ausgleich abzuschwächen. Bei Schmerz wird mit den Komplementärfarben behandelt. Denn Schmerz ist eine Disharmonie, eine verzerrte Schwingung – also ist auch die Farbe des Schmerzes eine Verzerrung, Störung. Mit der dazu komplementären (d.h. ergänzenden) Farbe wird die Schwingung im Sinne unseres Heilungsmodells wieder harmonisiert, repariert. Vorsicht ist geboten bei erkrankten Organen, die nicht schmerzhaft sind. In diesem Fall wird mit der *Liebe* gearbeitet.

Soweit zur Heilung mit Farben. Als nächstes wollen wir uns mit der Liebe als Heilungsmethode auf der seelischen Ebene befassen, im Zusammenhang mit der Chakrenenergie.

4. Die Liebe als größte Heilkraft

Die Liebe hat sich seit Menschengedenken als ungewöhnlich wirksame Heilkraft erwiesen.

Wie wir wissen, lernt die Seele über und durch den Körper. Wie sie das tut, lehren uns die Chakren. Zum Beispiel das Herzchakra. So wie die universelle Lebenskraft aus einem Füllhorn unendlichen Gebens unermüdlich in uns hineinfließt, so arbeiten auch Herz und Lunge auf der körperlichen Ebene. Tag und Nacht sind sie pausenlos in Bewegung und geben fortwährend, ohne etwas dafür zu verlangen. Sie sorgen mit ihren rhythmischen Bewegungen für Energiezufuhr und für den Abtransport von Schlacken über den Blutstrom und die Kreislauffunkionen. Diese Systeme dienen uns mit Mut und Tapferkeit (so sollten wir das einmal sehen!) auch in den schwierigsten

Lebenssituationen. Um unsere Körperfunktionen aufrechtzuerhalten, produzieren sie unermüdlich Kraft für uns. Sie führen uns eine selbstlose und schöpferische Kraft vor, wie sie zur Aufrechterhaltung des Lebens in uns als Teil des Schöpfungsprozesses und als größte Kraft des Universums existiert: die wahre Liebe, die nur verströmen will (und es auch kann, wenn es uns gelingt, die Blockierungen wegzuräumen, die den eigenen Liebesfluß behindern). Herz und Lunge werden vom Herzchakra gesteuert, ebenso die Thymusdrüse, eine zentrale Hormondrüse, die den Energiehaushalt des Körpers überwacht und reguliert und das Immunsystem steuert. Die Thymusdrüse benötigt aber für das Korrigieren unserer Regenerations- und Heilungskräfte unsere Mitwirkung, und das geschieht über die Meridiane.

Diese Mitwirkung findet statt über die Emotionen, und das Bindeglied zwischen Emotionen und Körperfunktionen ist das Akupunktursystem der Meridiane, das uns bereits begegnet ist. Es ist ähnlich aufgebaut wie das Nervensystem und durchzieht in Verästelungen den gesamten Körper, alle zehn Organe und neun Systeme vielfach vernetzend und mit Energie versorgend.

John Diamond, Psychiater und Pionier auf dem Gebiet der psychosomatischen- und Vorsorgemedizin, hat in seinem Buch »Die heilende Kraft der Emotionen« (Freiburg i. Br. 1987) das grundlegende Wissen über die angewandte Kinesiologie dargelegt, wonach jeder Meridian außer mit speziellen Muskeln für Mimik, Gestik und Tonfall auch mit je einem bestimmten negativen oder positiven Gefühlszustand in Korrespondenz steht, und alle Meridiane versorgen die bestimmten Organe, deren Energie von diesen Gefühlszuständen beeinflußt wird. Diamond sagt, wir seien gesund, wenn wir voll Lebensenergie sind. Ungleichgewicht beginne auf der Energieebene und beeinträchtige den Energiefluß im Meridian, die Bahn der Seele, der Gefühle. Er hat sodann die *positiven* und *negativen* Gefühlslagen sowie ihre Auswirkungen auf die Organe erforscht und anschaulich erläutert:

Die Thymusdrüse spielt eine lebenswichtige Rolle in unserem Immunsystem, denn sie kann Störungen im Immunsystem unmittelbar selbst korrigieren. Dabei wird sie durch seelische Haltungen

115

und Belastungen beeinflußt. Bei schweren Krankheiten und starkem körperlichem Streß, zum Beispiel bei Schickalsschlägen, kann sie schnell schrumpfen. Wird die Thymusdrüse aktiviert, so erfolgt eine Steigerung der Lebensenergie und der Gesundheit. Diese Aktivierung geschieht nach Diamond durch tiefe positive Gefühlszustände wie Selbstliebe und allumfassende Liebe, Glauben, Vertrauen, Dankbarkeit und Mut.

(Dem vorangehen sollte aber ein Erkennen der eigenen Gefühlsstruktur, damit eventuelle Blockaden aufgelöst werden können, um den Lebensfluß zuzulassen.)

Wir brauchen nur diese fünf Gefühlszustände als Affirmationen in ihrer Bedeutung zu verstehen und auszusprechen, und sofort steigert sich die Aktivität der Thymusdrüse meßbar. Die gleiche Wirkung könnte man erreichen, indem man mit den Fingerspitzen einer Hand um die Thymusdrüse herum gegen den Brustkorb klopft, und zwar gegen den Uhrzeigersinn. Umgekehrt schwächen *negative* Emotionen wie Angst oder Furcht, Haß, Mißgunst oder Neid die Aktivität der Thymusdrüse und damit unsere Abwehrkräfte ebenso plötzlich und deutlich meßbar. Die Thymusdrüse wird also von starken Gefühlen kontrolliert. Diese Wirkungen und gleichzeitig auch die Macht der Worte und Gedanken kann jeder an sich selbst austesten.

Die Kraft der Liebe ist wirklich vorhanden. Thorwald Dethlefsen und Rüdiger Dahlke (»Krankheit als Weg«, München 1983) schreiben darüber:

»Das Heilmittel (besonders auch bei Krebserkrankungen) heißt Liebe. Liebe macht heil, weil sie die Abgrenzung öffnet und das andere hereinläßt, um damit eins zu werden. [...] Liebe fürchtet auch den Tod nicht – denn Liebe ist Leben. Wer diese Liebe im Bewußtsein nicht lebt, schwebt in Gefahr, daß seine Liebe in die Körperlichkeit sinkt und hier ihre Gesetze als Krebs zu verwirklichen sucht; [...] Krebs ist Liebe auf der falschen Ebene. Vollkommenheit und Einswerdung lassen sich nur im Bewußtsein verwirklichen, nicht innerhalb der Materie, denn Materie ist der Schatten des Bewußtseins. Innerhalb der vergänglichen Welt der Formen kann der Mensch nicht das vollbringen, was einer unvergänglichen Ebene (nämlich der seelischen) angehört. [...] In der polaren Welt führt Liebe zum Haften – in der Einheit zum Verströmen.«

Wie von Dethlefsen und Dahlke wird es auch in der Lehre von den Chakreneigenschaften formuliert:
Dieses unermüdliche, ununterbrochene Geben von Energie für die Arbeit von Herz und Lunge, dieses ständige Aufrechterhalten des Immunsystems durch die Thymusdrüse können wir als die wahre Liebe auf der Körperebene (der vom Herzchakra gesteuerten Organe) einstufen. Diese Art der Liebe hat im übrigen eine ganz andere Qualität als die rein körperbezogene, sexuelle Liebe, die häufig ganz im ersten und zweiten Chakra verhaftet und nicht mit dem Herzen verbunden ist und die noch Abhängigkeiten – nämlich das Haften – enthält. Sie ist aber Entwicklungsvoraussetzung.
Wie wir wissen, lernt die Seele über den Körper. Die gleiche Dienstbereitschaft, die die Organsysteme auf der körperlichen Ebene haben, erlernt und übernimmt die Seele durch sie, und nun können Mitgefühl, Sanftmut, Freundlichkeit, Freundschaft und Güte entstehen sowie Harmonie durch Zuwendung und Warmherzigkeit. Mithin alles seelische Qualitäten, die dieses »Verströmen« enthalten. Liebe bedeutet sich selbst und dem Ganzen zu dienen. Liebe ist Zuwendung, Mitteilen, Anteil nehmen und offen sein. Sie ist auch alles, was mit Erhalten, Pflege und Erneuerung zu tun hat. Liebe
ist auf der einen Seite Heilkraft für uns selbst, für unsere Organe und Systeme, auf der anderen Seite aber auch für andere Menschen. Auf dem Wege durch diese Weiterentwicklung in höhere, geistige Dimensionen wird schließlich die *allumfassende Liebe* erfahrbar.
Mit dem Schwingungsmodell vor Augen (S. 20) verstehen wir, wie sich einerseits die Entstehung des Körpers von oben nach unten vollzieht – die geistige Information kommt herunter –, unsere Entwicklung aber andererseits unten mit der Hilfe der irdischen Kräfte beginnt und sich langsam schrittweise von Chakra zu Chakra aufbaut in Richtung auf die unendlich schnelle Schwingung, auf Gott, im Sinne der Rückverbindung.

Zum Verständnis der Chakreneigenschaften benötigen wir zunächst die Erkenntnis, daß wir mit, durch und über den Körper lernen. Wir müssen uns aber nun fragen: *was* lernen wir über den Körper, *was* ist der Sinn unseres körperlichen Daseins? Wenn wir das aufdecken können, dann können wir uns selbst heilen und gesund werden. Und nicht nur das: Dann können wir heilende Kräfte auch auf andere übertragen und ihnen helfen, sich zu heilen. Und das ist eine Wachstumschance für sich und andere.

5. Mit Chakrenenergie heilen

Das Heilen mit Chakrenenergie bedeutet die eigentliche Geistheilung. Eine Heilmethode, die ganz im oberen Bereich des Schwingungsmodells angeordnet ist, und die zu entwickeln und einzusetzen uns in einer besonderen »Zulassung« im Rahmen des Seminars gewährt wird. Damit werden wir, sofern wir diese Zulassung erhalten, in die Lage versetzt, mit Chakrenenergie arbeiten zu dürfen und geistheilende Fähigkeiten übend einzusetzen.

Mit Chakrenenergie können seelische Krankheiten sowie die Chakren selbst oder ihre Verbindungen untereinander geheilt werden. Ein Hinweis, daß eine Erkrankung auf der Ebene der Chakren liegt, wird meist durch die Beobachtung gegeben, daß ein Heilungsuchender schon viele Ärzte konsultiert hat, aber noch keine Krankheitsursache gefunden wurde. Eine Diagnose über die Ausmessung mit dem Biotensor ist möglich und erlernbar und soll anschließend auch dargelegt werden. Die Deutung der jeweiligen Biotensorausschläge ist jedoch sehr kompliziert und erfordert umfangreiche Fachkenntnisse und sehr viel Erfahrung; sie soll an dieser Stelle nicht erfolgen. In den Seminaren werden nur die Grundlagen der Ausmessung der Chakren erläutert. Das dient dem Verständnis, befähigt aber nicht zur Ausübung.

Beschreibung der Handhabung:
– der Biotensor wird mit der Abtastelektrode verbunden
– die Testperson hält die Abtastelektrode auf jedes Chakra, und zwar nacheinander, beginnend mit dem Scheitelchakra und von oben nach unten, die zweite Person nimmt die Messung vor

Bedeutung der Biotensorausschläge (am Ring):
- Eine runde, kreisende Bewegung bedeutet normale Chakren-funktion. Die Größe des Kreises zeigt die jeweilige Stärke des Chakras an, bei kleinem Durchmesser zum Beispiel ist nur wenig Chakrenenergie vorhanden; das kann aber durchaus normal sein, denn die Chakren sind nicht immer auf Hochtouren. Um diesen Unterschied zu erkennen, ist viel Erfahrung nötig.
- Eine ovale Schwingung weist auf eine Fehlfunktion des Chakras hin; die ovalen, also elliptischen Schwingungen haben die gleiche Bedeutung wie bei der Auramessung (siehe Abb. 8), ihre Aussage-möglichkeiten zum Beispiel zum Hormon- oder Immunsystem, zu Blutdruck oder Allergien, gehen jedoch weit darüber hinaus.
- Es kommt hinzu, daß alle Chakren bestimmte eigendynamische Schwingungen haben, die ihre Drehrichtung von Chakra zu Chakra verändern (siehe Tabelle S. 53).
- Besonderheiten zeigen das fünfte und das zweite Chakra, die deshalb auch als Polaritätschakren bezeichnet werden. Bei ihnen gibt es nicht nur wie üblich eine, sondern zwei Polarisationen (das heißt Drehrichtungen des Biotensors), die jede für sich gemessen werden müssen.

5. (Hals-)Chakra

Yin
bedeutet:
lernen
Depression

+
Yang
bedeutet:
lehren
Agression

2.(Sakral-)Chakra

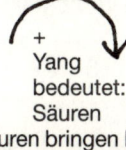

Yin
bedeutet:
Basen

Basen *laugen aus* , bei Blockaden gibt es aus-laugende Prozesse: Angst, die auch aus einem Vor-leben kommen kann

+
Yang
bedeutet:
Säuren

Säuren bringen Festigkeit, Struktur. Wenn diese fehlt, dann fehlt auch die Lebens-energie; zum Beispiel die Nieren arbeiten nur mit der Yang-energie

– Im Wurzelchakra gibt es viele Drehrichtungen, aus denen
hauptsächlich das Gleichgewicht zwischen aktivem und passivem
Willen (Ruhe) hervorgeht (siehe Tabelle S. 53).

Diese Deutungen und Beobachtungen sind nur eine kleine, beispiel-
hafte Auswahl aus einem weiten Feld von Eigenschaften und Funktionen bzw. Fehlfunktionen, die ein geübter Heiler mit dem Biotensor diagnostizieren kann.

Bei der Ausmessung und Deutung der Chakren ist eine Rückkoppelung mit der Testperson zur Absicherung der Meßergebnisse wün-
schenswert und notwendig.

Einige weitere Hinweise aus dem Lehrprogramm Horst Krohnes
sollen anschließend in loser Folge gegeben werden, um einen Ein-
druck von der Vielfalt der von den Chakren gesteuerten Lebensvorgänge zu geben.

Nur über die Chakren lassen sich grundsätzliche Probleme des
Lebens oder der seelischen Eigenschaften finden und ändern, und
zwar dann, wenn das Bewußtsein mit und durch Chakrenenergie
verändert wird.

Hier zeigen sich auch angeborene Schwächen wie etwa Rachitis
oder Mängel in den Verbindungen der Chakren untereinander in
den Nadis. Jede Art von Sucht oder Allergie ist ein Chakrenproblem
und hier diagnostizierbar.

Auch lebenshemmende Glaubenssätze lassen sich mit Chakrenenergie behandeln.

Immunschwäche zeigt sich bei der Messung des Herzchakras und
läßt sich mit Chakrenenergie heilen.

An einem Beispiel soll ein chakrenbedingter Zustand – mit
Meßergebnis, Deutung und Therapie – gezeigt werden.

Bei Depressionen ist häufig das Stirnchakra gestört. Hier müssen
wir einschieben, daß jedes Chakra entsprechend den beiden Ein-
strudelungstrichtern (siehe Abb. 3) auf der vorderen und der rück-
wärtigen Körperseite gemessen werden kann. Beim Stirnchakra hält
man dazu die Elektrode zunächst an die Stirn, dann an den Hinter-
kopf. Das Stirnchakra kann also vorn (das bedeutet im Bewußten)
oder hinten (im Unbewußten) zu groß oder zu klein sein, je nach der
Größe des vom Biotensorring beschriebenen Kreises. Wenn bei einer Testperson das Stirnchakra zum Beispiel im Bewußten zu stark

ist (das heißt, bei der Messung vorn an der Stirn wird vom Biotensorring ein sehr großer Kreis beschrieben), so ist der Verstand, das logische Denken, das Analysieren sehr ausgeprägt bzw. dominant. Wenn bei derselben Testperson aber auch das Herzchakra sehr stark ist, so entsteht ein Konflikt zwischen Stirn- und Herzchakra, denn das letztere steht für den emotionalen Bereich; es steuert alles und sucht den Ausgleich. Dieser Konflikt äußert sich in diesem Fall als Depression. Das Herzchakra hält die rationale Dominanz im Stirnchakra nicht für richtig und drosselt daher die Energien in der Verbindung zum Stirnchakra. Eine mögliche Therapie besteht in diesem Fall darin, das Stirnchakra mit Chakrenenergie zu stärken.

In seltenen Fällen wird bei psychischen Erkrankungen mit der Energie des Halschakras geheilt. Andere Chakren sind für die Heilung nicht geeignet.

Die meisten Menschen bringen die Fähigkeit, Chakrenenergie für die Heilung einzusetzen, als angeborenes Talent mit. Sie können sie sich aber auch in diesem Leben erwerben.

Soviel an dieser Stelle über die Chakrenarbeit. Wir wollen hier nur noch auf die bahnbrechende Forschungsarbeit des Japaners Hiroshi Motoyama beim Verständnis und der meßtechnischen Erfassung der Chakren hinweisen. Bei Motoyamas Arbeit mit Chakrenenergien stellte sich bald heraus, daß in der Geistheilung nichts – weder die Suggestion, die Hypnose noch die Behandlung über die Meridiane, also die Akupunktur – auch nur annähernd so wirksam ist wie diese. Und das Ergebnis jahrelanger Beobachtungen und Behandlungen kann folgendermaßen zusammengefaßt werden:

Wenn mit rein geistiger Kraft (und es ist mit Sicherheit davon auszugehen, daß es sich bei der Chakrenenergie hierum handelt) gearbeitet wird, können Spontanheilungen und unerklärbare Dinge geschehen. Heilungen, die dokumentieren, daß der Geist in der Lage ist, die Naturgesetze außer Kraft zu setzen, vorübergehend zu neutralisieren, um Heilung zu erwirken.

6. Die Bedeutung der Meditation in der Geistheilung

Ein wichtiges Mittel im Lehrprogramm Horst Krohnes ist die Meditation, denn jede geistige Heilung sollte auf seiten des Heilers, am besten auch der des Heilungsuchenden, in einem tief entspannten, meditativen Zustand stattfinden – wie wir noch ausführen und begründen werden –, der am besten in der Meditation zu erreichen ist.

Seminarteilnehmer können die *kreative Meditation* erlernen, die für den westlichen Zivilisationsmenschen am besten geeignet erscheint, denn angesichts unserer Überflutung mit dem geschriebenen und gesprochenen Wort, mit akustischen und optischen Reizen ist es schwierig und bedarf einer ziemlichen Anstrengung, das ständig weiterarbeitende und am laufenden Band »schwätzende« Gehirn einmal anzuhalten und zur Ruhe zu bringen. Nur durch *Absichtslos-Werden* und ein Aufgeben der Dominanz kann man dieses Ziel erreichen.

In der *kreativen Meditation* werden uns, um das Gehirn zu beschäftigen und von seinen Alltagsgedanken abzulenken, Farben, Gerüche oder Töne oder auch Ruhe angeboten. Die Erhaltung der Konzentration ist dabei erforderlich, denn sie ist ein wichtiges Mittel, um dem Ziel näher zu kommen, die unnötigen Gedanken auszuschalten oder sie in Richtung auf Selbstheilung oder Visualisierung eines bestimmten Zustands auszurichten.

In der kreativen, auch dynamisch genannten Meditation sollen wir die Alltagssorgen verdrängen, indem wir unser Bewußtsein auffordern, aktiv Wünsche zu produzieren; denn dadurch werden wir in die Lage versetzt, uns vom Alltäglichen zu lösen (vgl. S. 132).

Eine besonders wirksame Meditationstechnik ist die *Meditation in der Meditation,* bei der wir uns in der meditativen Tiefenentspannung in eine weitere Meditation visualisieren. Das bewirkt eine noch größere Tiefe und einen besonderen Schutz für uns, weil dabei mit dem violetten Aura-Mantel gearbeitet wird. Nach einer solchen Meditation in der Meditation erlebt man die Welt anders, die Träume werden freier und sind nicht mehr so bedrückt. Dieser Zustand ist nur schwer zu beschreiben: Man muß ihn erlebt haben. Man fühlt auch, daß dabei ein allererster Kontakt zur geistigen Welt hergestellt wird.

Wie weit der einzelne dabei, entsprechend seiner eigenen Entwicklung, vordringen darf, muß vorher durch eine Art von Zulassung abgesichert werden. Das geschieht, indem wir in eine Meditation geführt werden, in der wir unserem *persönlichen Geistführer* begegnen können. Innerhalb der für alle Teilnehmer gleichen, da vom Seminarleiter vorgegebenen Rahmenbedingungen kann das Bewußtsein des einzelnen sich seinen Geistführer erschaffen – den wir auch unser »höheres Selbst« nennen können –, wenn dieser entschieden hat, daß er uns erscheinen darf: daß wir in der Lage sind, geistheilende Fähigkeiten zu entwickeln und Chakrenenergien einzusetzen. Wenn wir hierfür noch nicht weit genug entwickelt sind, noch etwas damit warten müssen, wird der Geistführer uns auch noch nicht erscheinen. Dann sind Bewußtwerdungsprozesse notwendig. Der Kontakt kann für uns von großer Bedeutung sein, denn bei schwierigen Heilungsfällen oder Heilungen auf der höchsten geistigen Ebene kann der Übende möglicherweise mit seiner Hilfe etwas erreichen – kann er auf seine Hinweise für ein weiteres Vorgehen angewiesen sein. In solchen Fällen geschieht der Kontakt mit der geistigen Welt unmerklich über das Stirn- oder Scheitelchakra.

Als letzte Übung folgt schließlich eine Meditation, in der wir versuchen, ein Chakra zu öffnen, um mit Chakrenenergie arbeiten zu können – meist das Herzchakra. Dies gelingt aber nur, wenn wir die Erlaubnis erhalten haben, geistig heilen zu dürfen. Wenn das der Fall sein sollte, müssen wir versuchen, das Herzchakra zu öffnen, mit dem wir hoffen, heilen zu können. Diese Öffnung des Herzchakras erfolgt langsam und schrittweise. Zunächst müssen wir uns in der Vorstellung ein Bild vom Herzchakra machen und davon, wie das Öffnen vor sich geht. Dann können wir allmählich versuchen, die Energie fließen zu lassen. Unsere Herzchakraenergie leiten wir in das Wurzelchakra des Heilungsuchenden, wo sie dann, von unten emporsteigend, in den erkrankten Bereich gelangen kann. Wie entsteht nun aber aus der Vorstellung eines Bildes, aus der Visualisierung in der Meditation, ein tatsächlicher, wirklicher Heilungsvorgang? Und: Können wir eine solche berechtigte Frage wirklich beantworten? Nein, wir können nur versuchen, uns einer Antwort zu nähern.

In der Meditation behalten wir unsere fünf Sinne, wir schalten diese nicht aus, sondern benutzen sie nur auf andere Weise als sonst, um dadurch *Außersinnlichkeit* zu erlangen. Das bedeutet, daß wir zwar hören, sehen, riechen, fühlen oder schmecken, diese Fähigkeiten aber insofern nutzen, indem wir vor unserem inneren Auge Geräusche, Bilder, Körpergefühle, Düfte und Geschmacksrichtungen reproduzieren. Ebenso wie bei diesem Vergleich können wir auf derselben meditativen Ebene auch einen Heilungsvorgang in uns bildlich reproduzieren. In besonderen Heilmeditationen, die zunächst unter Anleitung ausführlich geübt und erlernt werden müssen, bilden wir also in unserer Vorstellung den Vorgang einer Behandlung eines Kranken, eine Heilung, aus, anschließend bitten wir die geistige Welt, die derart erarbeitete Heilung in die Realität zu transformieren, sie also in der materiellen Welt konkret geschehen zu lassen. Wenn wir die Erlaubnis zum Heilen erhalten haben, wird uns bei dieser Transformation auch geholfen werden. Es ist eine tiefgreifende Erfahrung, dieses Ingangsetzen der Heilungskräfte zu erleben und diese anschließend in der Realität wirken zu sehen.

Bleiben wir noch einen Moment bei der Frage, wie bei der Heilung mit Gedankenkraft die bildliche Vorstellung des Heilers in die Realität umgesetzt wird. Hier hat wieder Hiroshi Motoyama (a. a. O., S. 108 ff.) in genau kontrollierten Experimenten festgestellt, daß es Menschen gibt, deren Geist bzw. Bewußtsein eine derart enorme Kraft besitzt, daß sie damit den Geist und auch den Körper anderer Menschen, also auch materielle Formen, direkt beeinflussen und verändern können. Motoyama geht davon aus, daß diese direkt wirkende Gedankenkraft weder durch die fünf Sinne noch durch Raum und Zeit begrenzt ist. »*Direkt beeinflussen können*«, das heißt offenbar, daß diese Menschen (Motoyama hat diese Experimente mit dem berühmten philippinischen Geisteschirurgen Tony Agpoa gemacht) die Zwischenschaltung der geistigen Welt für die Tranformation nicht benötigen. Diese Heilung durch Beeinflussung mit Gedankenkraft kann, da sie wie gesagt raum- und zeitunabhängig ist, auch über große Entfernungen wirksam werden, und zwar ohne jeden Zeit- und Energieverlust. Dieses Phänomen ist die *Fernheilung*.

Bei jeder Heilung ist es, wie schon gesagt, wichtig, die eigene Aura stabil zu halten, indem man diese zum Schutz violett mit einem dunkelvioletten Rand visualisiert. Denn wenn der Heiler durch Mitleid oder Resonanz entkräftet wird, kann er einem Kranken nur begrenzt Kraft geben. Andererseits bekommt ein Heiler bei jeder Heilung von der entstandenen Energie selbst etwas ab, so daß er meist gekräftigt aus einer solchen hervorgeht.

Nachdem wir nun schon einiges über die Bedeutung und die Einsatzgebiete der Meditation in der Geistheilung gesagt haben, wollen wir uns endlich auch mit der Technik befassen, diese zu erlangen. Es sei vorausgeschickt, daß unsere »kreative« Meditation nur eine von vielen bekannten Meditationsweisen ist. Bei Rupert Lay, der einen ausführlichen Überblick über alle Meditationsweisen gibt, ist sie einzuordnen als eine Art der meditativen aktiven Imagination, die Lay für eine der wirksamsten Meditationsformen hält. Unsere Meditation wird deshalb als kreativ bezeichnet, weil wir, um sie zu erreichen, selbst schöpferisch tätig sein müssen, weil wir Wünsche wahr werden lassen sollen in Form von Bildern von Eindrücken und Landschaften, die alle fünf Sinne betreffen und beanspruchen.

Es beginnt mit der Vorstellung von Farben, über die zunächst eine Entspannung des ganzen Körpers erreicht werden soll, und zwar nach einem festen, immer gleichbleibenden, rituellen Ablauf und grundsätzlich mit geschlossenen Augen. Zunächst wird der Meditierende aufgefordert, sich die Farbe Rot vorzustellen und zugleich den Kopf in allen seinen Einzelteilen zu entspannen. Dann folgt, in der Reihenfolge der Regenbogenfarben, die Aufforderung, sich die Farbe Orange vorzustellen und zugleich den Oberkörper zu entspannen; es folgt Gelb mit dem Unterkörper und den Beinen bis in die Füße. Diese intellektuelle Anforderung des gleichzeitigen sich Vorstellens von Farben und zu entspannenden Körperteilen hat neben der notwendigen Entspannung selbst den schon erwähnten Zweck, die Alltagsgedanken auszuschalten, indem für sie einfach kein Raum mehr vorhanden ist.

Nach diesem schrittweisen Entspannen des Körpers folgt mit der Vorstellung der Farbe Grün die Entspannung des Tagesbewußtseins. Hier wird mit dem Satz »unser Tagesbewußtsein wird absichtslos und bleibt als stiller Betrachter zurück« zugleich eine Suggestion gesetzt. Schließlich wird mit der Vorstellung der Farbe Blau die Ausdehnung des Bewußtseins auf alles, was *ist*, und die Grenzenlosigkeit erlebt, und als letztes auf der Ebene Violett, die die höchste Schwingung im Licht ist, können wir Wünsche wahr werden lassen.

Nach dieser jede Meditation einleitenden Entspannung und Versenkung folgt die Vorstellung von Bildern, mit Varianten in der Durchführung. Diese werden anfangs vom Seminarleiter geführt und können später auch je nach Bedürfnis selbständig geübt werden. Dabei sind die rituellen, sich bei jeder Meditation wiederholenden Muster wichtig, um Kräfte zu entfalten, die uns selbst ins Gleichgewicht bringen und damit zur Selbstheilung und dann auch zur Heilung anderer führen. Zum Beispiel ist es sehr wichtig, anfangs zu üben, in dem Weltenraum zu schweben, um, falls das gelingt, zu erfahren, ob wir uns wirklich vom Tagesbewußtsein lösen können.

Ein häufiges Bild, in das wir wieder zurückkehren und das auch die Basis der Meditationsübungen darstellt, ist unser idealer Ferienort mit dem idealen Ferienhaus, das wir uns – wenn möglich – in der Vorstellung in allen Einzelheiten erarbeiten. Ein zentraler Bereich ist hier unser Arbeitsraum mit einer Spiegelwand, die auch zum Bildschirm werden kann, und einer verschlossenen Tür in einer Ecke. Sie symbolisiert den Zugang in ein höheres Bewußtsein, und sie darf nach einiger Meditationsübung von uns geöffnet werden.

Der weitere Kontakt mit der geistigen Welt, dem höheren Bewußtsein, die Begegnung mit dem Geistführer ist ein wichtiges Ziel unserer Meditationsübungen, kann aber hier nicht näher beschrieben werden, denn er ist ähnlich wie die Traumdeutung ganz individuell und enthält eine unendliche Vielzahl von Möglichkeiten. Das gilt ebenso für den Symbolwert eines weiteren, in der Meditation zu entwickelnden Bildes, in dem wir auf einen Berg wandern und dort in einer Hütte oder Höhle unserem »Lebensberater« begegnen.

Wenn wir uns feineren Energien gegenüber öffnen, so bedarf das immer der Führung und des Schutzes durch die geistige Welt. Dies kann kein Lehrer oder Heiler leisten, der – mag er noch so weit sein in seiner Entwicklung – ja ebenfalls nur ein Mensch ist mit allen seinen menschlichen Schwächen und Unzulänglichkeiten.

Bei all unseren Aktivitäten in der Geistheilung sollten wir uns immer folgenden Grundsatz klar vor Augen halten: Geistheilung kann man nicht einfach tun. Erst durch Erfahrung erfährt der Suchende, worum es eigentlich geht.

Schluß

Einsatzgebiete der Geistheilung – Erfolge und Mißerfolge

Manche der hier erwähnten Punkte sind bereits an anderen Stellen zur Sprache gekommen. Der Eindrücklichkeit und Übersichtlichkeit halber sollen sie hier jedoch noch einmal zusammengefaßt werden. Wie bei anderen Therapien, so ist auch in der Geistheilung nicht jede Behandlung von Erfolg gekrönt. Wir erwähnten dies schon in der Einleitung und wiesen darauf hin, daß für einen Heilungserfolg unter anderem die Aufdeckung der Krankheitsursache wichtig ist. Es gibt jedoch weitere Ursachen für ein Versagen der Geistheilung. Zunächst einmal kann eine falsche Diagnose gestellt worden sein, wobei meist die falsche Krankheitsebene angenommen wird. Beispielsweise wird eine Therapie mit heilmagnetischer Behandlung bei einer Krankheit auf der seelischen Ebene, die sich nur körperlich manifestiert hat, auf die Dauer erfolglos bleiben. Der Fehler liegt in diesem Fall darin, daß die falsche Heilungsebene – nämlich die körperliche anstelle der seelischen – gewählt wurde. Es können auch falsche oder etwa von Anfängern fehlerhaft angewendete Therapien die Ursache für einen Mißerfolg sein. Der häufigste Fall des Versagens der Geistheilung ist aber die fehlende Mitwirkung des Heilungsuchenden an der Heilung. Derjenige, der glaubt, eine Geistheilung konsumieren zu können wie die vom Hausarzt verschriebenen Medikamente, wird nur in seltenen Fällen eine dauerhafte Heilungswirkung erfahren, nämlich höchstens in solchen, bei denen nur wenig Mitwirkung notwendig ist, wie zum Beispiel bei Schmerzbeseitigung oder Migräneheilung. Aber auch in diesen Fällen ist wenigstens der Glaube des Heilungsuchenden an die Wirkung der Behandlung oder zumindest das Zulassen einer Behandlung für eine Heilung erforderlich.

Bei komplexen, chronischen Krankheitsgeschehen wie Rheuma, Krebs, Neuralgien kann Geistheilung nur dann wirksam und dauerhaft helfen, wenn der Heilungsuchende bereit ist, aktiv mitzuarbeiten. Das liegt an dem Grundsatz der Geistheilung, daß nur wir selbst über den Geist unsere Krankheiten heilen können, nicht aber der Therapeut oder irgendein Medikament. Der Therapeut ist nur dazu da, dem Geist einen Wink zu geben, wo er mit der Heilung ansetzen kann. Das gleiche gilt für die Heilmittel. Die Konsequenz daraus ist, daß bei einem Mißlingen einer Therapie der Heiler nur zu einem Teil dazu beiträgt: meistens wird der mangelnde Einsatz des Geistes des Heilungsuchenden ein Mißlingen verursachen.

Bei den eben erwähnten Krankheiten, bei denen es sich um Ganzkörpergeschehen handelt, kommt es darauf an, die lebenshemmenden Verhaltensweisen oder Glaubenssätze zu erkennen und aufzulösen, die zu der Erkrankung geführt haben. Hierzu kann der Heiler wie gesagt nur Hinweise geben, Wege eröffnen.

Dazu erzählt Horst Krohne als Beispiel den Fall eines Mannes, in leitender Position berufstätig, der an Krebs erkrankt war. Er mußte mehrfach operiert werden, aber immer bildeten sich neue Metastasen. Es gelang dem Heiler sogar, die Metastasen aufzulösen, aber der Heilungsuchende hielt die Entmaterialisierung bereits für die Heilung und kümmerte sich nicht um die warnenden Hinweise des Heilers, daß er für eine dauerhafte Heilung sein Leben ändern, eventuell sogar seinen Beruf aufgeben sollte, weil gerade er mit seinen oft unabwendbaren Gelegenheiten, Druck und Macht auf andere auszuüben sowie der daraus folgende tägliche Streß möglicherweise die krebsauslösende Ursache gewesen sei. Leider blieb die Krankheit weiter vorhanden, denn der Heiler hatte nur Symptome behandeln können und weder auf das Ganzkörpergeschehen noch auf den ureigenen Weg des Kranken einwirken können.

Die geistige Welt läßt, außer der Heilung aus Gnade, auch noch eine Heilung auf Bewährung zu. Das heißt der Heiler beseitigt ein Symptom und gibt einen Wink, und nun muß sich der Heilungsuchende bewähren. Er hat einen Aufschub erhalten: eine Chance, neu zu lernen und sein Leben auszusteuern: Fehler, die er vorher gemacht hat und die zu seiner Erkrankung führten, auszugleichen. Wer diese Chance nutzt, dessen Un-Heilsein könnte sich in einem langen Prozeß wandeln, der immer wieder neu gefunden werden muß. Vielleicht wäre es die Chance des Mannes im obigen Beispiel gewesen, sich andere Aufgaben zu suchen, etwa mit karitativen Zielen, bei denen die Liebe zu Menschen das Wesentliche ist. Aber dies ist nur eine Möglichkeit, denn gerade in der Krebstherapie gilt die eigene Wegfindung des Kranken als wichtigster Aspekt und hier kann ebenjener Weg der richtige sein, den Außenstehende für falsch halten.

Eine Heilung aus Gnade ist meist unerklärbar. Nicht selten haben alle Beteiligten dabei ein deutliches feierliches Empfinden für die Unerklärbarkeit des Vorganges: dafür, daß etwas geschehen ist. Sie sind gefangen von diesem Geschehen, bei dem ein Heilstrom fließt.

Das eben geschilderte Beispiel zeigt vielleicht, daß die Geistheilung – bei der heutigen Einstellung des westlichen Menschen zu Krankheit und Gesundheit und zu seinem Körper – kaum geeignet ist, die Schulmedizin in größerem Umfang zu ersetzen. Denn sie kann deren Anspruch – nämlich eine Krankheit unter Einsatz von Therapien, Medikamenten, »Stahl und Strahl« bei jedem Menschen gleichermaßen erfolgreich zu behandeln, ohne daß der Kranke in irgendeiner Weise dabei mithelfen muß – nicht oder nur in Ausnahmefällen erfüllen.

Das liegt eben daran, daß die Geistheilung eine positive Einstellung des Kranken zu ihren Prinzipien, ein Bewußtsein für und einen Glauben an sie ebenso voraussetzt wie dessen aktive Mitwirkung.

Die Chancen, mit der Geistheilung gesund zu werden, sind unter den Menschen ungleich verteilt, sie bestehen aber für viele. Lediglich die Aufnahmebereitschaft des einzelnen ist unterschiedlich.

Wer etwas über Erfolg und Mißerfolg einer Heilweise aussagen will, muß sich auf bestimmte Überprüfungsmechanismen und Nachweisverfahren einlassen. Dazu haben wir bereits in der Einleitung aus einem Interview mit Horst Krohne zitiert, in dem er auf neue Meß- und Nachweismethoden hinwies, die auf den Akupunkturbahnen beruhen (Kirlian-Fotografie, bioelektrischer Funktionstest nach Dr. Voll usw.). Diese Meßmethoden werden aber von den materialistisch orientierten Naturwissenschaften zur Zeit noch nicht anerkannt, denn sie zeichnen Reaktionen des Körperenergiefeldes auf, dessen Existenz von den Schulwissenschaften noch geleugnet wird.

Diese Wissenschaften ihrerseits arbeiten mit ganz anderen Nachweisverfahren, mit Blind- und Doppelblindstudien. Dabei soll ausdrücklich jede unbewußte oder ungewollte menschliche Einwirkung auf die Wirksamkeit eines Medikaments oder einer Therapie ausgeschlossen werden, das heißt, daß weder der Versuchsleiter noch das Versuchsobjekt Kenntnis von dem Testmittel haben dürfen. Mit solchen objektiven Tests soll erreicht werden, daß einzig die Wirkung des Testmittels allein überprüft wird, ohne alle ablenkenden Faktoren.

Eigentlich liegt es auf der Hand, daß solche Testmethoden für die Geistheilung gänzlich ungeeignet sind. Denn diese ist ja keine *objektive*, sondern eine *subjektive* Heilweise. Das heißt, daß die emotionale Mitwirkung des Heilers und des Heilungsuchenden ausdrücklich notwendig, ja geradezu die wichtigste Voraussetzung ist. Hier kann nicht unter Ausschaltung der Beteiligung überprüft werden; das zu verlangen wäre realitätsfern und widersinnig.

Aber dennoch wird immer wieder versucht, der Geistheilung dadurch Reputation in der medizinischen Welt zu verschaffen, indem man ihre Wirkungsmechanismen den dort üblichen Nachweismethoden unterwirft. Zu welchen grotesken Situationen das mitunter führen kann, führt Harald Wiesendanger (»Das große Buch vom geistigen Heilen«, Bern/München/Wien 1994) vor, indem er von »doppelblind« angelegten Gebetsheilungen aus Amerika berichtet: Menschen haben für die Gesundheit anderer gebetet, die ihnen völlig unbekannt waren, und diese haben von den Gebeten für ihre Gesundung nichts gewußt. Kann man das Privateste, das Persönlichste eines Menschen, seine religiösen Gefühle noch rigoroser ausnutzen und instrumentalisieren? Und dennoch sollen diese »doppeltblinden« Heilgebete meßbare Erfolge gehabt haben!

Dabei erkennt Wiesendanger durchaus die Problematik der Anwendung schulwissenschaftlicher Testmethoden in der Geistheilung, hält sie aber gleichwohl für nützlich, wenn er auch bezweifelt, daß sie ausreichend sind für die objektive Nachweisbarkeit von Behandlungserfolgen. Wir sollten daher sehr vorsichtig sein mit der Anwendung solcher Testmethoden und sie dort belassen, wofür sie entwickelt wurden: in der materiellen Welt der Naturwissenschaften. Wir sollten uns damit abfinden, daß wir noch nicht genau wissen und herausfinden können, wieso geistiges Heilen wirkt. Denn die Gesetzmäßigkeiten sind noch weitgehend unbekannt.

Aufgrund ihrer Erfahrungen versuchen Geistheiler oft noch eine zweite oder dritte Behandlung, sollte eine erste Behandlung ohne Erfolg geblieben sein. Englische Geistheiler haben beispielsweise festgestellt, daß die zweite Behandlung häufiger erfolgreich ist als die erste. Zwischen den einzelnen Behandlungen sollte zudem ein Zeitraum von mehreren Tagen liegen, denn so lange kann es dauern, bis sich die Wirkung einer Behandlung zeigt.

In bestimmten Fällen kann die Erfolgsquote der Geistheilung aber konkret quantifiziert werden; sie liegt bei der Raucherentwöhnung beispielsweise bei rund 80 Prozent.

Man muß wissen, daß die Geistheilung nicht in allen Krankheitsfällen einsetzbar ist. Etwa rein körperliches Geschehen wie Verletzungen, Arm- oder Beinbrüche, Verbrennungen, Zahnbehandlungen sollte man tunlichst den Ärzten überlassen. Hier gibt es in bestimmten Einzelfällen, wie etwa Verletzungen oder Verbrennungen, nur ein einziges Einsatzgebiet der Geistheilung, nämlich die *Zeitreise* (s. S. 132).

Auch kann die Geistheilung bei Erkrankungen des gesamten Organismus wie Krebs oder Rheuma erstaunliche Resultate erzielen, da sie solche Erkrankungen in ihrer Gesamtheit erfaßt und behandelt, denn diese sind ein Ganzkörpergeschehen. Damit ist die Geistheilung auch bei von der Schulmedizin als unheilbar und ausbehandelt angesehenen Kranken einsatzfähig und erfolgreich. Die Dauer einer geistigen Heilung kann vom Heiler nicht beeinflußt werden und kann sehr unterschiedlich sein. Es gibt durchaus Fälle von Spontanheilung, auch bei schweren Erkrankungen. Wenn der Heiler während einer Behandlung dem Heilungsuchenden bestimmte Energien sendet, so bewirken diese etwas in dessen Organismus. Es kommt nun darauf an, daß diese heilende Wirkung erhalten und stabil bleibt, wenn nach der Behandlung keine Energie mehr gesendet wird. Ob dies der Fall ist, kann an den Akupunkturpunkten im Ohr überprüft werden. Nach wenigen Tagen folgt der Körper diesem durch externe Energiezufuhr in Gang gesetzten Heilungsprozeß und heilt nun nachhaltig. Daher dauert eine Heilung normalerweise mehrere Tage bis Wochen.

Erfahrene Heiler mit medialen Fähigkeiten sind in der Lage, den zeitlichen Ablauf einer Heilung bei einer Krankheit oder Verletzung

131

zu beschleunigen *(Zeitreise)*. Diese Beschleunigung kann bis zur sofortigen, spontanen Heilung gehen. Durch das Einwirken der geistigen Kräfte besteht auch die Möglichkeit, ein Geschehen rückgängig zu machen. Zum Beispiel kann eine Verletzung an der Hand dadurch ausgeheilt oder korrigiert werden, daß die verletzte Hand im Geist zeitlich in den gesunden Zustand vor dem Unfall zurückgeführt wird, um diesen gesunden Zustand dann an dem Unfall vorbei, unter dessen Umgehung, in die Gegenwart zu bringen.

Eine solche Heilung über die Zeitreise einmal in der Wirklichkeit mitzuerleben, hinterläßt eine eindrucksvolle bleibende Erinnerung und ist geeignet, auch einen Zweifler von den großartigen Möglichkeiten der Geistheilung zu überzeugen.

Anhang

Heilungsbeispiele

Wir stellen auf den folgenden Seiten eine Anzahl von konkreten Fällen erfolgreicher Geistheilung vor, um einerseits den Ablauf einer normalen Geistheilung, andererseits die große Bandbreite von Möglichkeiten der Krankheitsfälle und die Arten zu ihrer Bewältigung aufzuzeigen. Sämtliche Fälle wurden so übernommen, wie Horst Krohne sie geschildert hat.

Da hier nur erfolgreiche Heilungsfälle aufgezeigt werden, ist nochmals darauf hinzuweisen, daß eine geistheilerische Behandlung nicht immer erfolgreich sein muß, sondern auch fehlschlagen kann. Geistheilung ist also wie andere Heilmethoden nicht unfehlbar, denn sie beruht auf menschlichem Handeln.

Es handelt sich um Fälle von rein physischen Krankheitsgeschehen, auch von solchen mit psychischen Ursachen, also um die klassische Psychosomatik. Es gibt darunter rein psychische Erkrankungen mit psychischen Symptomen – auch solche, die aus Chakren-Anomalien resultieren. Die Behandlungsmethoden reichen vom Auflegen gepolter Hände, dem therapeutischen Gespräch über Imaginationen im weitesten Sinne im Zustand der Tiefenentspannung oder die Übermittlung von Chakrenenergie bis hin zur Geisteschirurgie als der anspruchsvollsten Therapie, und es gibt die vielfältigsten Kombinationen dieser Methoden, falls erforderlich auch unter suggestiver Beeinflussung.

Zu beachten ist immer wieder, daß jeder Fall einzigartig ist. Daher ist es wichtig, sich individuell auf jeden Heilungsuchenden einzustellen und diesen zu motivieren, an der Behandlung mitzuwirken. Es kann auch dieselbe Krankheit (bzw. deren Symptome) die unterschiedlichsten Ursachen haben und damit unterschiedliche Behandlungen erforderlich machen.

Heilungsbeispiele

1.

Während eines Vortrages über geistige Heilweisen spürte der vortragende Heiler eine sehr hohe positive Schwingung in dem Vortragssaal, die vermutlich daher rührte, daß der größte Teil des Publikums (ca. 180 Personen) Reiki-Absolventen waren. Nach dem Vortrag fragte der Heiler, wer im Saal Kopfschmerzen habe, worauf sich zehn Personen meldeten. Der Heiler bat diese, sich Größe und Art ihres Schmerzes anzusehen: Wo liegt er? Ist er ziehend, beißend oder stechend? Er führte die Personen dahin, sich mit ihrem Schmerz zu identifizieren und ihn zu lokalisieren. Dann erklärte er, er werde nun genau an die lokalisierten Schmerzstellen über sein Herzchakra grünes Licht senden. Anschließend ging er in eine leichte Trance, öffnete sein Herzchakra und sandte das grüne Licht zu den Patienten. Nach fünf Minuten waren neun Personen völlig schmerzfrei: nur eine hatte noch Schmerzen.

Wegen der guten Schwingungen im Saal ermittelte der Heiler anschließend zwölf Personen mit Schmerzen im rechten Bein, die er wiederum ihren Schmerz zu identifizieren und zu lokalisieren bat. Dann ging er erneut in eine Tiefenentspannung und sandte den Patienten über sein geöffnetes Herzchakra blauviolettes Licht, das sich von den schmerzenden Stellen über das ganze Bein ausdehnen sollte. Nach sechs bis sieben Minuten hatte keiner mehr Schmerzen.

Die Wahl des blauvioletten Lichtes geschah intuitiv, denn die Beine symbolisieren das Stehen, das Verstehen im Leben. Die Farbe des Verstehens, des Intellekts ist Gelb, und Blauviolett ist die Komplementärfarbe.

2.

Eine junge Frau, Anfang Dreißig, klagte über ständige Nierenschmerzen und Menstruationsbeschwerden. Eine mehrjährige ärztliche Behandlung war ohne Erfolg geblieben.

Die Ausmessung der Aura ergab, daß die Nieren in Ordnung waren, aber eine kräftige Blockade im Nackenbereich vorlag. Diese Energieblockade war so stark, daß zwischen Rumpf und Kopf kein Energieaustausch stattfand. Die Heilungsuchende hatte daher auch Probleme im Rachenbereich: ständiges Zahnfleischbluten und häufige Zahnbehandlungen, wie sich durch Nachfragen ergab.

134

Der Heiler behandelte den Hals zehn Minuten lang mit gepolten Händen. Danach war die Energieblockade aufgehoben und der Nierenschmerz verschwunden. Am nächsten Morgen hatte auch das Zahnfleischbluten aufgehört.

Die Energieblockade im Hals war so stark, daß Störungen auch außerhalb des Blockaderaums erfolgten. Hinzu kommt, daß oft eine Korrespondenz zwischen Hals und Lendenwirbelbereich beobachtet wird, so daß sich Symptome von der einen Region in die andere verlagern.

3.

Ein etwa 50 Jahre alter Mann hatte seit zwei Jahren direkt am Hüftgelenk eine Zyste, die bereits die Gelenkschmiere angegriffen hatte und bei bestimmten Bewegungen starke Schmerzen verursachte. Die Ärzte hatten diesen Fall als inoperabel eingestuft.

Da der Patient gut visualisieren konnte, arbeitete der Heiler mit Imagination und gepolten Händen; er ließ den Patienten bei der Behandlung vor dem Bildschirm teilnehmen. Mit der plusgepolten Hand, in welcher der Heiler die Energie so stark konzentriert hatte, daß sie wie ein Laser einsetzbar war, putzte er die Region mit der (kastaniengroßen) Zyste sauber, was für den Patienten wie ein Ausfräsen aussah und wobei er leichte Zug- und Druckschmerzen spürte. Anschließend wurde durch Aktivierung der Regenerationskräfte und der Durchblutung erreicht, daß mit Hilfe des Geistführers der leere Raum um das Hüftgelenk wieder mit Zellen aufgefüllt wurde. Da die Schmerzen noch nicht beseitigt waren, wurde die Behandlung eine Woche später wiederholt. Danach waren die Schmerzen verschwunden. Eine Röntgenaufnahme vier Monate später ergab, daß die Gelenkschmiere wieder vollkommen vorhanden und die Zyste nur noch diffus in Größe einer Erbse zu sehen war.

Dieser Fall von Geisteschirurgie macht deutlich, daß es manchmal eine Weile dauern kann, bis die in der bildlichen Vorstellung, der Imagination vor dem inneren Bildschirm bewirkte Heilung auch materiell vollzogen ist.

4.

Eine etwa 70 Jahre alte Frau hatte ein steifes Bein. Sie konnte vor Schmerzen das Knie nicht mehr beugen, denn im Kniegelenk waren erbsengroße Kalkablagerungen röntgenologisch diagnostiziert worden.

Muskeln, Sehnen und Bänder waren in Ordnung. Im Gespräch zeigte sich, daß sie herrisch und unbeugsam war. Beschuldigungen oder Verurteilungen anderer Menschen nahm sie nie zurück:»gesagt ist gesagt«. Ihr unbeugsamer Wille führte zu einem unbeugsamen Knie.

Der Heiler versetzte die Frau in eine leichte Trance, in der er ihr ihre psychosomatische Situation erklärte: daß sie nämlich selbst mit ihrer mentalen Härte das steife Knie produziert habe. Sie nahm diese Erklärung im Unbewußten auf und konnte sie akzeptieren. Das führte sofort zu einer deutlichen Veränderung ihres Energiehaushalts, besonders in den Chakren, und war spürbar durch eine stark angestiegene Körpertemperatur. Nach diesem etwa 20minütigen Gespräch löste der Heiler mit gepolten Händen die Kalkablagerungen auf. Anschließend war die Frau vollkommen beweglich und konnte das steife Knie wieder normal bewegen.

Nach der Heilung änderte die Frau ihr Verhalten vollständig, sie verlor ihre Unbeugsamkeit und mentale Härte. Dieser Fall zeigt, wie man mit der Geistheilung über das Unbewußte bestimmte Verhaltensmuster verändern kann, wonach auch psychosomatisch eingetretene körperliche Symptome aufgelöst werden können.

5.

Eine 68 Jahre alte Frau litt unter Arthrose im linken Hüftgelenk. Die Behandlung erfolgte durch eine Gruppe von Heilbegabten zusammen mit einem Heiler. Die Gruppe ging in eine Tiefenentspannung. Jeder einzelne versuchte, die Patientin auf einem Streckbett etwas zu strecken, um in die entstehenden Zwischenräume des Gelenks mit einer Spritze neue Gallertmasse zu spritzen. Zusätzlich zu dieser Imagination kann vor dem inneren Bildschirm das Hüftgelenk mit heilender Farbe bestrichen werden.

Eine weitere Behandlungsmöglichkeit von Arthrose, die auf der psychosomatischen Ebene auf mangelnde geistige Beweglichkeit hinweist, ist das Auflegen der gepolten Hände und die Behandlung mit Farben, und zwar mit violettem Licht, gemischt mit Silber. Ergänzend dazu ist eine langfristig angelegte Entgiftungstherapie sinnvoll, zum Beispiel nach dem aus Rußland kommenden Sonnenblumenöl-Verfahren.

6.

Eine etwa 45 Jahre alte Frau hatte schwere Bandscheibenschäden im Bereich von drei Lendenwirbeln. Sie sollte operiert werden, hatte aber große Angst davor, weil die gleiche Operation bereits bei ihrem Mann durchgeführt worden und erfolglos geblieben war. Sie ging daher vor dem schon feststehenden Operationstermin zum Heiler. Dieser sah auf seinem inneren Bildschirm, daß die Wirbelsäule im Beckenbereich knallrot leuchtete. Das bedeutete, daß die Patientin irgendeinen großen Ärger hatte, der sie sehr bedrückte (er drückte auf ihre Wirbelsäule). Im Gespräch stellte sich heraus, daß sie zusammen mit ihrem Mann zwei Wohnungen hatte und daß die Belastung mit der Unterhaltung von zwei Wohnungen sie überforderte; das war eine zu große Belastung. Der Heiler erklärte, er könne ihr nur dann helfen, wenn sie mit ihrem Mann sprechen würde mit dem Ziel, eine der beiden Wohnungen aufzugeben. Das versprach sie.

In der anschließenden Heilmeditation, verbunden mit dem Auflegen gepolter Hände, wurde der Beckenbereich der Patientin vor dem inneren Bildschirm mit der Farbe Grün, der Komplementärfarbe zu Rot, behandelt. Darauf verschwanden die Schmerzen schlagartig und kamen auch nicht wieder, obwohl die Auflösung der einen Wohnung vier Monate dauerte. Die Wirbelsäule der Patientin war danach vollkommen beweglich und blieb beschwerdefrei.

7.

Ein 24 Jahre alter Mann verlor plötzlich alle Lebenskraft; er hatte keinen Schwung, keinen Antrieb mehr. Nach jeder kleinen Anstrengung bekam er Herzklopfen und mußte jede sportliche Betätigung aufgeben. Ärztliche Behandlungen und eine Psychotherapie waren erfolglos geblieben; auch eine schulmedizinische Diagnose war nicht möglich.

Die Ausmessung der Aura ergab eine energetische Schwäche in den Nebennieren, so daß Streßhormone wie Adrenalin nicht mehr abgebaut wurden. In einer Streßsituation bleiben diese Hormone förmlich hängen und der Mensch kann sich vom Streß nicht befreien. Das ist äußerst kräftezehrend, und dadurch entsteht auch das Herzklopfen. Ursache war eine Fehlsteuerung durch blockierte Energien. Um den Verursacher zu finden, wurden anschließend die Chakren ausgemessen. Die Messung ergab im dritten (Milz-)Chakra eine Schwäche auf der Frequenz der Bauchspeicheldrüse und eine Blockade im zweiten (Sakral)-

Chakra. Dies hatte zu den Hormonproblemen geführt. In einem ergänzenden Allergietest mit Testampullen wurde festgestellt, daß der Verursacher eine Elektroallergie ist.

In einer Heilungsgruppe wurde dem Patienten über das Wurzelchakra Chakrenenergie geschickt, außerdem wurde die Bauchspeicheldrüse durch Auflegen gepolter Hände behandelt. Nach einer 15 Minuten dauernden Behandlung reagierte das Sakralchakra normal. Noch am selben Tag setzte sich der Patient einer Streßsituation aus und konnte sie ganz normal bewältigen. Um die Heilung dauerhaft zu machen, wurde ihm empfohlen, den Schlafraum durch Einbau eines Netzfreischalters und Entfernung aller Lautsprecher sowie elektrischer Geräte, die Kondensatoren enthielten, zu sanieren. Außerdem wurde für die Bauchspeicheldrüse eine Ernährungsempfehlung gegeben.

8.

Der Heilungsuchende war ein etwa 35 Jahre alter Mann, in gehobener Position berufstätig, sportlich (Hobby: Radwandern), eine gestandene Persönlichkeit. Von einem Tag auf den anderen bekam er eine starke Lebensangst, die er mit dem Willen nicht bezwingen konnte. Er traute sich zum Beispiel nicht mehr, am Tag durch einen dunklen Wald zu radeln. Eine Psychotherapie war erfolglos.

Die Ausmessung der Chakren ergab, daß das Hals- und das Sakralchakra jegliche Kommunikation miteinander ablehnten. Diese – anscheinend ohne konkrete Erlebnisse entstandene – energetische Verschiebung führte im wahrsten Sinne des Wortes dazu, daß ihm durch Energiemangel im Halschakra »vor Angst die Kehle zugeschnürt« wurde und er sich »vor Angst in die Hose machte«.

In sieben Sitzungen gelang es, mit Hilfe von Chakrenenergie und des Geistführers die Defizite in den Chakren zu beseitigen und den gestörten Energiefluß in der Kundalini zu regulieren. Danach verlor der Heilungsuchende seine Angst und war dauerhaft symptomfrei.

Dieses Beispiel zeigt, wie stark eine Störung in den Chakren in die Psyche eingreifen kann. Eine Störung, die anders als über die Chakren weder zu diagnostizieren noch zu heilen ist. Jede andere Therapie als die mit den Chakren arbeitende Geistheilung muß in einem solchen Fall versagen. Es wird vermutet, daß sich in Landeskrankenhäusern und anderen geschlossenen Anstalten viele derart »unheilbar« Erkrankte befinden, denen weder die Neurologie noch die Psychiatrie helfen kann.

9.

Der Heilungsuchende war ein Mann im Alter von 50 Jahren, beruflich erfolgreich als Friseur, der unter schubweise auftretenden, schweren Depressionen litt. Viele Psychotherapien waren erfolglos geblieben. Er nahm an einem Geistheilungs-Seminar teil, und während des Seminars überfiel ihn eine erneute Depression. Er beschrieb sie so, daß er in einer engen, langgezogenen Röhre stecke, in der er das Licht nur als kleinen Lichtfleck in großer Entfernung wahrnehmen könne. Am unangenehmsten war dabei der Druck der engen Röhre, der wie ein physischer Schmerz wirkte. Viele Versuche des Heilers mit den Möglichkeiten der Geistheilung zu helfen, hatten keinen Erfolg. Schließlich wurde mit sieben Seminarteilnehmern ein Kreis um den Patienten gebildet. Alle berührten den Mann und versuchten, vereint mit der Imagination die Röhre zu sprengen. Nach 15 Minuten intensiven Bemühens mußten sie ohne Erfolg aufgeben. Der Heiler ging in Kontakt mit seinem Geistführer und fragte diesen um Rat. Er erhielt die Auskunft, daß sie auf dem richtigen Wege seien, jedoch ihre Anstrengungen verstärken müßten. Es sei etwa zehnmal soviel Energie notwendig. Die Teilnehmer konzentrierten sich erneut auf die Heilung. Sie öffneten ihre Herz- und Halschakren, baten um überdurchschnittlich starke Chakrenenergie und sandten diese dem Patienten. Nach etwa zehn Minuten angestrengter Arbeit löste sich die Depression und die Röhre in einem großen Lichtblitz auf. Der Patient wirkte wie erlöst, begann zu weinen und hatte seither nie wieder eine Depression. Alle Teilnehmer der Heilungsgruppe sagten aus, daß sie Energie bis an die Grenze ihrer Leistungsfähigkeit gegeben hätten. Ohne diese gemeinsame, höchste Anstrengung mehrerer Menschen wäre die Depression nicht aufzulösen gewesen.

10.

Die Patienten waren ein völlig miteinander zerstrittenes Ehepaar. Beide waren hochgebildete Intellektuelle. Der Mann, circa 47 Jahre alt, Schriftsteller und Kritiker, war völlig abgemagert und ohne Körperreserven. Er litt an Hautausschlag mit Juckreiz und ständigen Schmerzen im gesamten Abdomen sowie unter Schlaflosigkeit. Er war seit Jahren erfolglos in ärztlicher Behandlung. Die Frau, circa 45 Jahre alt, schrieb Theaterstücke. Sie war scharfzüngig und schonungslos kritisch, körperlich asketisch bis abgemagert. Beide ernährten sich streng vegetarisch, aber nach jeweils unterschiedlichen Diätplänen. Sie stritten sich viel mit scharfen, verletzenden Worten. Sie schliefen in getrennten Schlafzimmern und konnten sich nicht mehr »riechen«. Die Chakrenausmessung ergab beim Mann ein zerrissenes Scheitelchakra und ein massiv gestörtes Milzchakra. Das bedeutete, daß seine Anbindung an die Schöpfung zerrissen war: Er stand vor einem Glaubensumbruch. Außerdem konnte er auf der seelischen Ebene etwas nicht verdauen, und zwar die ständigen Auseinandersetzungen mit seiner Frau und seiner Umwelt. Als Folge dieser Unstimmigkeiten und einer sehr schweren Jugend war sein Urvertrauen zerbrochen. Seinen christlich-katholischen Glauben hatte er abgelegt und war auf der Suche nach einem neuen Glauben. Seine gegenwärtige Orientierungslosigkeit war auch die Ursache für gestörte Ausscheidungsprozesse und die Abdomenschmerzen.

Bei der Frau zeigte die Chakrenausmessung Störungen im Sakral- und Scheitelchakra, ein zu schwaches Herzchakra, aber ein sehr starkes Wurzelchakra. Daraus ließ sich ein starker Lebenswille mit einem überzogenen Leistungsbewußtsein ablesen, aber es fehlte die Liebe (zu kleines Herzchakra). Sie war vollkommen vom Verstand bestimmt: Der Kopf setzte sich gegen die Gefühle durch. Sie hatte sich einem einseitigen Glaubensbild verschrieben:»Wissen ist Macht«. Aber sie übte diese Macht ohne Rücksicht, ohne Verantwortung für andere aus. Sie lehnte auch ihr Frausein ab.

Die Heilung beim Mann begann mit Gesprächen zur Klärung seines gestörten Verhältnisses zu seinen Eltern (auf der Grundlage, daß Eltern nicht für die Kinder und diese nicht für die Eltern verantwortlich sind), und zu seinen Glaubensproblemen (er hatte das Wesen der christlichen Liebe und des Verzeihens mißverstanden). Heimliche Selbstvorwürfe deswegen waren die Ursache für die Selbstbestrafung mit dem Ausschlag. Die Schmerzen kamen daher, daß er nicht über Gefühle reden konnte und Angst hatte, sich seiner Frau zu offenbaren. Danach wurde eine Heilmeditation durchgeführt und eine Schmerzheilung mit gepolten Händen und Farben. Er sah seine Schmerzen rot- bis orangefarben (also verdrängte Wut), die Heilung erfolgte mit der Komplementärfarbe Grün. Nach der Behandlung mit Chakrenenergie war das Milzchakra sofort in Ordnung. Die körperliche Wiederherstellung erfolgte innerhalb weniger Wochen.

Auch mit der Frau wurde ein klärendes Gespräch geführt, in dem sie auf ihre Gefühlsdefizite hingewiesen wurde. Sie sollte lernen, daß sie Emotionen haben dürfe und Liebe nichts Unanständiges sei. Außerdem erfolgte eine Heilmeditation zum Aufbau des schwachen Herzchakras und zum Abbau des starken logischen Ausrichtung.

Nach drei Tagen konnten sich die beiden wieder einander nähern, Schmerzen und Ausschlag des Mannes ließen nach, beide entwickelten ein Verständnis für den anderen. Bei diesen Problemen wäre eine Psychotherapie sehr langwierig geworden. Die Chakrenarbeit dagegen hat einen schnellen Erfolg erzielt.

11.

Eine Ärztin, circa 45 Jahre alt, kam wegen eines faustgroßen Myoms im Unterleib zur Behandlung. Der Heiler holte das Myom auf seine außersinnliche Wahrnehmungsebene (Bildschirm) und konnte es erkennen. Bei gepolten Händen konzentrierte er die Energie in der plusgepolten Hand derart, daß sie wie ein Laserstrahl wirkte. Mit dieser Energie kappte er alle Verbindungen zwischen dem Körper und dem Myom; dadurch wurde dieses verödet.

Röntgenkontrollaufnahmen zeigten anschließend den kontinuierlichen Abbau des Myoms, das nach drei Monaten verschwunden war. Da es keine energetische Berechtigung mehr hatte (jede Zelle und jedes Organ braucht Energie), wurde es vom Körper aufgelöst. Die Heilungsuchende konnte, da sie durch autogenes Training geübt war, die außersinnliche Wahrnehmung und die Handlungen des Heilers mitvollziehen. Das ermöglichte vermutlich den schnellen Abbau des Myoms innerhalb von drei Monaten.

Dieses Beispiel zeigt, daß man mit der Geisteschirurgie nicht immer entmaterialisieren muß. Es ist ausreichend, die Energieverbindung zu unterbrechen. Dann baut der Körper selbständig die energietote Masse ab.

12.

Der Patient, ein 60 Jahre alter Mann, litt an Darmkrebs. Er hatte bereits zwei Operationen hinter sich und die dritte stand kurz bevor, da erneut Metastasen gewachsen waren. Bei der Visualisierung durch den Heiler zeigte sich, daß mehrere faustgroße Metastasen vorhanden waren.

Wegen der Schwere der Erkrankung bildete der Heiler eine Heilgruppe aus mehreren Menschen, die ihm über die Chakren Energie in die Hände senden sollten. Der Heiler benutzte diese Energie dazu, auf dem inneren Bildschirm die entarteten Gewebeteile energetisch zu verändern, zu neutralisieren. Durch den starken Energie- bzw. Wärmezufluß begann der Patient, bei der Behandlung wie in der Sauna zu schwitzen. Nachdem sich alle kranken Bereiche positiv verändert hatten (für den Heiler auf dem inneren Bildschirm sichtbar), wurde die Behandlung beendet. Heute, über zwei Jahre nach der Behandlung, ist das Befinden des Patienten sehr gut. In mehreren Kontrolluntersuchungen waren keine Metastasen mehr nachweisbar.

In diesem Fall konnte die Auflösung der Metastasen nur durch die enorme Energie gelingen, die mehrere Heilbegabte zur Verfügung gestellt hatten. Der Patient konnte diese Behandlung nur wegen seines guten Immunsystems erfolgreich durchstehen. Seine Krebserkrankung war nicht durch ein geschwächtes Immunsystem verursacht worden, sondern durch die starke Belastung seines Wohnhauses mit Erdstrahlen bzw. Wasseradern, wie später festgestellt wurde.

Glossar

Aggregatzustand So werden die drei verschiedenen Zustandsformen der Materie bezeichnet: der feste, flüssige und gasförmige Aggregatzustand (zu einem angenommenen vierten Aggregatzustand *siehe* Bioplasma). Die Aggregatzustände werden verursacht durch Molekularkräfte und Wärmebewegung. Sie sind von den äußeren Umständen abhängig, zum Beispiel von der Temperatur (Wasser). Der feste Aggregatzustand ist gekennzeichnet durch beständigen Rauminhalt und beständige Gestalt, der flüssige durch beständigen Rauminhalt und veränderliche Gestalt, der gasförmige hat weder beständigen Rauminhalt noch beständige Gestalt.

Atomgewicht Vergleichszahl, mit der angegeben wird, wievielmal schwerer ein Atom eines Stoffes ist als $1/12$ des Kohlenstoffisotops ^{12}C (= seit 1962 Einheit des physikalischen und chemischen Atomgewichts).

Bioenergie Bedeutet Lebensenergie, auch universale Energie. Im Indischen *Prana*, im Chinesischen *Chi* genannt.

Biofeld Ein aus Lebensenergie gebildetes, nichtstoffliches Energiefeld (etwa die Aura).

Biologisches Fenster Biologische Effekte durch elektromagnetische Signale entstehen dann, wenn das biologische Fenster eines Organismus getroffen wird. Das ist dann der Fall, wenn die beiden Meßgrößen Frequenz und Intensität einer Schwingung mit der spezifischen Empfänglichkeit des Organismus übereinstimmen. Der Körper ist dann »auf dieser Welle empfänglich«. Das Signal erzeugt einen Resonanzeffekt im Organismus, der die Schwingung übernimmt, verstärkt und sie reproduziert: Er macht sie sich zu eigen. Das gleiche trifft auf Krankheitsfrequenzen zu.

Bioplasma Ein Ausdruck, den einzelne Physiker einem angenommenen vierten Aggregatzustand der Materie gegeben haben. Wenn sich aufgeladene Teilchen gemeinsam in Wolken bewegen, so bezeichnen diese Physiker sie als *Plasma*. Gewisse Gesetzmäßigkeiten des Plasmas – eine Form von Materie, die vielleicht feiner ist als die bisher bekannte Materie und die als kondensierte Energie definiert werden kann – führen zu der Annahme, daß es sich um einen Zustand zwischen Energie und Materie handeln könnte.

Elektromagnetische Schwingung (Strahlung) Alle Körper unseres physischen Universums mit Temperaturen über dem absoluten Nullpunkt (–273,16° C) sind durch eine elektromagnetische Strahlung charakterisiert, die ein breites Frequenzspektrum umfaßt. Da die Temperatur des absoluten Nullpunkts praktisch nie erreicht wird, existiert in unserer physischen Umwelt nichts, was nicht strahlt. Da auch der Mensch aus physischer Materie aufgebaut ist, strahlt auch er elektromagnetische Energien ab, die aber wiederum von seiner Umgebung abhängig sind.

Energie ist physikalisch gesehen die Fähigkeit, Arbeit zu verrichten.

Energiefeld, menschliches Darunter versteht man alle Felder oder Ausstrahlungen des menschlichen Körpers. Dazu gehören die elektromagnetischen, magnetischen, elektrostatischen, akustischen, thermischen und visuellen Bestandteile des menschlichen Energiefeldes. Auch solche auf natürliche Weise nicht erklärbaren Phänomene wie Vorahnung oder Erinnerung an frühere Leben hängen mit dem menschlichen Energiefeld zusammen, das aufgrund einiger Untersuchungen aus extrem kleinen Elementarteilchen besteht, die sich in Wolken gemeinsam bewegen können und von einigen Physikern als *Plasma* bezeichnet werden (*siehe* Bioplasma).

Energiefeld, universelles Ein in der spirituellen Tradition seit Jahrtausenden bekanntes Phänomen eines die gesamte Natur, das gesamte Universum durchdringenden Energiefeldes (siehe *Bioenergie; Prana* und *Chi*, auch das astrale Licht der jüdischen Kabbala kann in diesem Sinne verstanden werden). In jüngster Zeit kann das universelle Energiefeld mit feinsten Meßmethoden gemessen und damit seine Existenz auch wissenschaftlich bewiesen werden.

Fernheilung Geistheilung durch Beeinflussung mit Gedankenkraft ohne direkten Kontakt zwischen Heiler und Heilungsuchendem über beliebige Entfernungen hinweg. Weil diese Heilung unabhängig von Raum und Zeit ist, entsteht kein Zeit- und Energieverlust. Barbara Ann Brennan erklärt die Möglichkeit der Fernheilung aus dem holistischen Weltbild der modernen Physik, nach dem das Universum nicht aus der Summe einzelner Grundbausteine der Materie zusammengesetzt, sondern ein unteilbares Ganzes ist, dessen untrennbarer Bestandteil wir sind.

Gauß (G) Einheit der magnetischen Induktion im elektromagnetischen Maßsystem. In der Geophysik auch als Einheit der magnetischen Feldstärke benutzt.

Hertz (Hz) Maßeinheit der Frequenz der elektromagnetischen Strahlung in Schwingungen pro Sekunde. Eine Schwingung in der Sekunde entspricht 1 Hz. Abgeleitet vom Namen des Entdeckers der elektromagnetischen Strahlung Heinrich Hertz.

Huna Eine bestimmte geistige Lebens- und Heilweise, die der Geistheilung nahe verwandt ist. Die physische Lebenskraft (vergleichbar dem indischen *Prana*) heißt in der Hunalehre *Mana*. Sie entsteht durch die Nahrung und kann durch verstärktes Atmen intensiviert werden. Die Grundlage des Huna ist die Lehre von den drei Selbst: das untere Selbst (Unterbewußtsein), das mittlere Selbst (der Mensch im Körper) und das hohe Selbst (das geistige Wesen). Wichtiges Arbeitsmittel ist die Selbstsuggestion. Es wird vermutet, daß Huna sich aus der Lehre der strenggläubigen jüdischen Essener-Sekte entwickelt hat (siehe die 1947 in Qmran am Toten Meer entdeckten Schriftrollen) und über Indien und Polynesien nach Hawaii gelangte, wo die bis dahin nur mündlich von Heilern (Kahunas) überlieferten Lehren von dem amerikanischen Sprachforscher Max Freedom Long wiederentdeckt und für europäische Verhältnisse aufbereitet wurden.

Induktionsfeld In der Elektrizität ist die Induktion die Erzeugung elektrischer Spannung durch Änderung des magnetischen Flusses. Geschieht dies in einem geschlossenen Stromkreis, so fließt ein Induktionsstrom. Ein Induktionsfeld ist ein Gebiet in der Umgebung eines Induktionsstroms. Man kann bei Induktionsfeldern auch von Verwirbelungen sprechen. Unter bestimmten Verhältnissen können sie Wirbelstürme (Tornados) erzeugen.

Inversion (Umkehrung) Von Inversion spricht man, wenn sich mehrere Wellen mit unterschiedlichen Längen überlagern und sich dadurch zum Erlöschen bringen. Das Gegenteil ist die *Resonanz*.

Ion Ein Ion ist ein Atom, das ein oder zwei Elektronen verloren oder hinzubekommen hat und dadurch elektrisch geladen wird. Es ist chemisch viel aktiver als das neutrale Atom. Die Abspaltung von Elektronen erfordert Energiezufuhr, zum Beispiel bei Luftionen durch Entstehung einer Warmluft- oder Kaltluftfront. Ionisierung ist die Verwandlung von neutralen Atomen in Ionen durch Energie bzw. Strahlen, die die Kraft haben, Elektronen aus ihrer Position herauszulösen.

Karma Aus dem Buddhismus und Hinduismus stammender Begriff für die Lehre von den Wiedergeburten des Menschen bzw. das die Form der Wiedergeburten bestimmende Handeln eines Menschen. Die Lehre vom Karma soll die Verschiedenheit der menschlichen Anlagen und Schicksale erklären und eine ausgleichende Gerechtigkeit, eine sittliche Weltordnung wahrscheinlich machen. Der Karma-Gedanke wurde im Westen zuerst von der Theosophie und der Anthroposophie übernommen.

Kinesiologie (griechisch *kinesis* »Bewegung«) Eine in der Mitte der vierziger Jahre in den USA entstandene ganzheitliche, naturkundliche Untersuchungs- und Behandlungsmethode, die auf einem einfachen Muskelspannungstest beruht und sich die Zusammenhänge zwischen den zwölf Akupunkturmeridianen, dem speziellen Gefühlszustand mit den Organen und der Lebensenergie zunutze macht.

Kirlian-Fotografie (Hochfrequenz-Fotografie) Spezielles fotografisches Verfahren (ohne Fotoapparat, über die direkte Belichtung eines Fotopapiers), mit dem die von lebenden Organismen ausgehenden Lumineszenzen sichtbar gemacht werden können. Es wird vermutet, daß diese Lumineszenzen die Abstrahlung des feinstofflichen Energiekörpers darstellen, die ein Fotopapier belichten können. Dieses Verfahren wurde von dem russischen Ehepaar Kirlian entwickelt.

Magnetit (Magneteisenstein) Ein natürlich vorkommendes Mineral mit magnetischen Eigenschaften, chemisch Eisenoxyduloxid Fe $_3$ O$_4$. Es ist in eisenschwarzen Oktaedern auf Klüften kristalliner Schiefer zu finden, als Gemengsel fast aller Ergußgesteine oder lose als Magneteisensand.

Mantra (Sanskrit für »heiliger Spruch«) aus Indien kommend. Ein als wirkungskräftig geltender religiöser Spruch oder Vers (heilige Formel).

Phantomschmerz In der Medizin eine Projektion von Empfindungen in einen nach Amputation nicht mehr vorhandenen Körperteil, der jedoch als noch vorhanden erlebt wird. Der Phantomschmerz, der in der Medizin als Nervenreaktion gedeutet wird, kann durch Berührungsreize ausgelöst werden und wird als Schmerz oder Juckreiz erlebt.

Photosynthese Der Aufbau chemischer Verbindungen, besonders die Bildung organischer Stoffe aus Kohlendioxid und Wasser bei grünen Pflanzen durch die Einwirkung von Licht.

ph-Wert (Abkürzung für lat. *potentia Hydrogenii*, »Wasserstoffionenkonzentration«) Die Anzahl aktiver Wasserstoffionen, die in einem Liter Lösung enthalten sind. Damit wird der Säurecharakter *(Azidität)* einer Lösung gemessen. Dabei wird nicht die Wasserstoffionenkonzentration selbst angegeben, sondern deren negativer dekadischer Logarithmus-pH. Also zum Beispiel W = 10^{-3} pH = 3.

Plasma, plasmatisch siehe Aggregatzustand, Bioplasma

Pol In Astronomie und Geographie Endpunkt der Achse eines sich drehenden Körpers (Nordpol, Südpol). In der Physik Endklemme einer Stromquelle (Pluspol, Minuspol). In der Akupunkturlehre das Ende eines Meridians an einer Finger- oder Zehenspitze.

Unter »polen« versteht man 1. die Feststellung des Plus- und Minuspols einer Leitung und 2. die willentliche Veränderung der Polarisation der Meridianendpunkte an Finger- und Zehenspitzen.

Polarität Die Gegensätzlichkeit, in der eins das andere bedingt, zum Beispiel Mann und Frau. Die Polarität wurde besonders in der Romantik zum metaphysischen Prinzip erhoben.

Radiästhesie (lat. *radius* »Strahl«, griech. *aisthanomai*, »fühlen, empfinden«). In den 30er Jahren geprägter Begriff für Strahlenfühligkeit oder Strahlenempfindlichkeit. Man versteht darunter die Fähigkeit, Strahlenwirkungen wahrzunehmen, die von belebten und unbelebten Objekten ausgehen. Die Anwendungsgebiete der Radiästhesie liegen auch in geologisch-hydrologischen, botanischen, biologisch-medizinischen, architekturgeschichtlichen und psychologischen Bereichen.

Resonanz Von Resonanz spricht man, wenn verschiedene Wellen mit ähnlicher oder gleicher Frequenz schwingen und sich damit zum Mitschwingen anregen, wodurch sie sich gegenseitig verstärken. Das Gegenteil ist die *Interferenz.*

Sensibilität Fähigkeit, feine Sinnesreize nicht nur wahrzunehmen, sondern diese auf dem Wege über sensible Nerven und Sinneszentren der Großhirnrinde mit seelischen Vorgängen (Empfindungen, Wahrnehmungen) zu beantworten.

Sensitiv Empfindlich, überempfindlich.

Sinnesorgane Organe, die der Reizaufnahme und -empfindung dienen. Über die fünf bekannten hinaus scheint dem Mensch das immer bedeutsamer werdende Phänomen Strahlung – bis auf wenige Ausnahmen wie die Frequenzen von Wärmestrahlung und sichtbarem Licht – sinnlich kaum zugänglich zu sein.

Sinneszentren Felder der Großhirnrinde zur Rezeption und Integration von spezifischen Sinnesreizen, zum Beispiel als Sehrinde oder Hörzentrum.

Strahlungsenergien Dies sind sämtliche verschiedenen Erscheinungsformen des natürlichen und des technischen elektromagnetischen Strahlungsspektrums, von den langen elektrischen Wellen, den Wechselströmen, den Rundfunkwellen, den Kurz- und Ultrakurzwellen, den Dezimeter- und Zentimeterwellen, den Wärmestrahlen (Infrarot), den Lichtstrahlen bis zu den ultravioletten und Röntgenstrahlen, den Gammastrahlen und den Höhenstrahlen.

Yang Die lichte, männliche Urkraft, unter anderem das schöpferische Prinzip in der chinesischen Philosophie.

Yin Im Gegensatz zu *Yang* die dunkle, weibliche Urkraft, unter anderem das empfangende Prinzip in der chinesischen Philosophie. Wir erfahren die Welt in Gegensatzpaaren (Polaritäten). In China wird schon seit dem 3. Jahrtausend v. Chr. von *Chi* gesprochen, das aus den zwei polaren Kräften Yin und Yang besteht. Diese müssen im Gleichgewicht sein, damit das lebendige System gesund ist. Die gesamte materielle, belebte oder unbelebte Welt wird von dieser universalen Energie *Chi* durchdrungen.

Literatur

Becker, Robert O., Der Funke des Lebens, Bern/München/Wien 1991.

Bischof, Marco, Biophotonen. Das Licht in unseren Zellen, Frankfurt/M. 1994.

Braun-von Gladiß, Karl-Heinz, Biologische Effekte funktechnischer Anlagen, Amelinghausen 1992 (Selbstverlag).

Braun-von Gladiß, Karl-Heinz, Ganzheitliche Medizin in der ärztlichen Praxis, Südergellersen 1991.

Braun-von Gladiß, Karl-Heinz, Das biologische System Mensch, Amelinghausen 1995 (Selbstverlag).

Brennan, Barbara Ann, Licht-Arbeit, München 1987.

Dethlefsen, Thorwald, und Rüdiger Dahlke, Krankheit als Weg, München 1983.

Dethlefsen, Thorwald, Schicksal als Chance, München 1979.

Diamond, John, Die heilende Kraft der Emotionen, Freiburg i. Br. 1987.

Dürckheim, Karlfried Graf, Der Alltag als Übung, Bern 1991.

Ebertin, Reinhold, Kosmopsychologie, Aalen 1973.

Fontaine, Janine, Heilung beginnt im Unsichtbaren, 1986.

Ferruci, Piero, Werde was du bist: Selbstverwirklichung durch Psychosynthese, Basel 1985.

Hay, Louise L., Heile Deinen Körper, Freiburg i. Br. 1992.

Hensch, Eike Georg, Beiträge zur Bauökologie, Nienburg 1991 (Selbstverlag).

Herzeele, Albrecht von, Der Ursprung anorganischer Substanzen, o. O. 1873.

Höhne, Anita, Geistheilen heute, Freiburg i. Br. 1995.

Jinarajadesa, C., Gesetze der Wiederverkörperung, in: Weisser Lotos, Nr. 1–3.

Johanson, Tom, Zuerst heile den Geist, Freiburg i. Br. 1985.

Kayser, Hans, Lehrbuch der Harmonik, Zürich 1950.

Kerner, Dagny und Imre, Der Ruf der Rose, Köln 1992.

Köhne, Peter W., Radionik – Heilmethode mit Zukunft, 3 Folgen, in: Raum & Zeit, Nr. 64, 65 und 66/1993.

Körbler, Erich, Die neue Homöopathie, Special 3 des Raum & Zeit-Verlages Sauerlach.

Krotoschin, Henry, Huna Praxis, Freiburg i. Br. 1990.

Laskow, Leonard, Heilende Energie – Einführung in die Medizin der inneren Kräfte, München 1995.

Lauster, Peter, Die Liebe. Psychologie eines Phänomens, Reinbek 1985.

Lay, Rupert, Meditationstechniken für Manager, Reinbek 1979.

Leupold, Dominik, Die Handauflegung. Eine ärztliche Urgebärde in Geschichte und Gegenwart, Basel 1975.

Long, Max Freedom, Selbstsuggestion und Huna-Gebet, Freiburg i. Br. 1968.

Long, Max Freedom, Kahuna-Magie, Freiburg i. Br. 1990.

Motoyama, Hiroshi, und Rande Brown, Chakra-Physiologie, Freiburg i. Br. 1990.

Novotny, Karl, Mediale Schriften, Mitteilungen eines Arztes aus dem Jenseits, 6 Bände, Remagen 1972/73.

Oberbach, Josef, Feuer des Lebens, München 1980.

Popp, Fritz-Albert, Langreichweitige elektromagnetische Wechselwirkungen im biologischen System, Schallstadt 1991 (Selbstverlag).

Popp, Fritz-Albert, Die Botschaft der Nahrung – unsere Lebensmittel in neuer Sicht, Frankfurt/M. 1994.

Roberts, Jane, Gespräche mit Seth, Genf 1979.

Roberts, Jane, Die Natur der persönlichen Realität, Genf 1985.

Roberts, Jane, Das Seth-Material, Genf 1986.

Roberts, Jane, Individuum und Massenschicksal, Genf 1988.

Roberts, Jane, Der Weg zu Seth, München 1988.

Roberts, Jane, Dialog der Seele, München 1989.

Schellenbaum, Peter, Abschied von der Selbstzerstörung, München 1990.

Schrödter, Willy, Heilmagnetismus, Freiburg i. Br. 1987.

Sharamon, Shalila, und Bodo J. Baginski, Das Chakra-Handbuch, Durach 1988.

Sheldrake, Rupert, Das schöpferische Universum. Die Theorie des morphogenetischen Feldes, München 1981/84.

Sheldrake, Rupert, Das Gedächtnis der Natur, München 1993.

Sheldrake, Rupert, McKenna Terence, und Ralph Abraham, Denken am Rande des Undenkbaren, München 1993.

Strassmann, René A., Baumheilkunde, Begegnungen und Erfahrungen mit den Heilkräften der Bäume, Aarau 1994.

Tompkins, Peter, und Christopher Bird, Das geheime Leben der Pflanzen, Frankfurt/M. 1973.

Wagner, Carl E. jun., Jeder ist einmalig, München 1993.

Wiesendanger, Harald, Das große Buch vom geistigen Heilen, Bern/München/Wien 1994.

Worsley, J. R., Was ist Akupunktur? Berlin 1986.

Young, Alan, Das ist Geistheilung, Freiburg i. Br. 1993.

Leonard Laskow
Heilende Energie
Einführung in die Medizin der inneren Kräfte
336 Seiten, Festeinband

Jede physische oder psychische Störung ist im Körper nicht nur äußerlich manifest, sondern als energetisches Muster, die sogenannte »Holoform« gespeichert. Echte Heilung kann nur stattfinden, wenn dieses krankmachende Muster (Gefühle, Lebenseinstellungen, körperliche Symptome) aufgelöst (ent-formt) und in eine neue, gesunde Form gebracht wird.

Der Autor verbindet mit seinem Heilungsansatz, dem Holoenergetischen Heilen, traditionelles Wissen mit moderner Physik und medizinischer Wissenschaft.

In einem vierstufigen Umstrukturierungsprozeß gewinnen die Menschen den Zugriff auf ihre natürlichen Heilkräfte zurück und entwicklen sich in Richtung Gesundheit.

IRISIANA

John E. Upledger
Auf den inneren Arzt hören
Eine Einführung in die KranioSakral-Arbeit
192 Seiten, Festeinband

Das KranioSakrale System besteht aus der Rückenmarksflüssigkeit und dem Kanalsystem, in dem sie fließt. Es ist entscheidend für Entwicklung, Wachstum und richtige Funktion vom embryonalen Zustand bis zum Tod.

Anhand vieler Fallbeispiele beschreibt der Autor spannend, wie tiefgreifend Therapie und Vorsorge mit diesem System das Wohlbefinden und die Gesundheit von Körper und Geist beeinflussen.

Empfehlenswert für alle im Gesundheitswesen Tätigen und auch für Laien.

IRISIANA